Versorgungsdefizite im deutschen Gesundheitswesen

ALLOKATION IM MARKTWIRTSCHAFTLICHEN SYSTEM

Herausgegeben von
Heinz König (†), Hans-Heinrich Nachtkamp,
Ulrich Schlieper, Eberhard Wille

Band 69

Eberhard Wille (Hrsg.)

VERSORGUNGSDEFIZITE IM DEUTSCHEN GESUNDHEITSWESEN

18. Bad Orber Gespräche über kontroverse Themen im Gesundheitswesen

Bibliografische Information der Deutschen Nationalbibliothek
Die Deutsche Nationalbibliothek verzeichnet diese Publikation
in der Deutschen Nationalbibliografie; detaillierte bibliografische
Daten sind im Internet über http://dnb.d-nb.de abrufbar.

ISSN 0939-7728
ISBN 978-3-631-66204-5 (Print)
E-ISBN 978-3-653-05169-8 (E-Book)
DOI 10.3726/978-3-653-05169-8

© Peter Lang GmbH
Internationaler Verlag der Wissenschaften
Frankfurt am Main 2015
Alle Rechte vorbehalten.
PL Academic Research ist ein Imprint der Peter Lang GmbH.

Peter Lang – Frankfurt am Main · Bern · Bruxelles · New York ·
Oxford · Warszawa · Wien

Das Werk einschließlich aller seiner Teile ist urheberrechtlich
geschützt. Jede Verwertung außerhalb der engen Grenzen des
Urheberrechtsgesetzes ist ohne Zustimmung des Verlages
unzulässig und strafbar. Das gilt insbesondere für
Vervielfältigungen, Übersetzungen, Mikroverfilmungen und die
Einspeicherung und Verarbeitung in elektronischen Systemen.

Diese Publikation wurde begutachtet.

www.peterlang.com

Inhaltsverzeichnis

Franz Knieps
Herausforderungen und Defizite der gesundheitlichen Versorgung.
Handlungsfelder der Gesundheitspolitik für die 18. Legislaturperiode 7

Dirk Göpffarth
Regionale Versorgungsunterschiede – Was kann, was soll der
Risikostrukturausgleich leisten? 15

Dominik von Stillfried und Thomas Czihal
Die Finanzierung der vertragsärztlichen Versorgung
in regionaler Hinsicht 33

Wolfgang Greiner
Zur Mengenentwicklung im Krankenhausbereich 57

Karl-Heinz Schönbach
Reformbedarf der Versorgungsstrukturen in der GKV - Systemdefekte
behindern die Gesundheitspolitik...71

Wolfgang Pföhler
Forderung nach einer fairen Krankenhausfinanzierung......................................91

Josef Hecken
Die Nutzenbewertung von Arzneimitteln mit neuen Wirkstoffen
durch den Gemeinsamen Bundesausschuss 101

Johann-Magnus v. Stackelberg und Anja Tebinka-Olbrich
Erstattungsbetragsverhandlungen bei innovativen Arzneimitteln
aus Sicht des GKV-Spitzenverbandes 107

Volker Ulrich
Das AMNOG aus gesundheitsökonomischer Perspektive 115

Verzeichnis der Autoren 135

Franz Knieps

Herausforderungen und Defizite der gesundheitlichen Versorgung. Handlungsfelder der Gesundheitspolitik für die 18. Legislaturperiode

Auch wenn die Gesundheitspolitik nicht zu den Feldern zählt, die Politiker und Öffentlichkeit für besonders attraktiv halten, bleibt sie nicht nur wegen der ökonomischen und sozialen Bedeutung dieses Handlungsfeldes eines der von permanenter Veränderung geprägten Politikbereiche.

Der folgende Beitrag untersucht Grundtendenzen der Reformgeschichte, beschreibt Herausforderungen und Probleme und entwickelt auf der Basis ordnungspolitischer Reformansätze eine Agenda für konkrete Reformvorhaben.

1. Ein kurzer Blick in die Geschichte

Wer einen Ausblick auf die Gesundheitspolitik in der 18. Legislaturperiode des Deutschen Bundestages wagen will, der tut gut daran, einen kurzen Blick in die Geschichte der Gesundheitsreformen zu werfen, denn vorangegangene Schritte weisen den Weg in die Zukunft. Spätestens mit der Blümschen Gesundheitsreform 1988 hat sich die Idee von der einen, großen Gesundheitsreform, die alle Probleme löst und Stabilität der Rahmenbedingungen für Jahre und Jahrzehnte schafft, als große Illusion erwiesen. Ebenso hat sich die Rhetorik vom großen Systemwechsel als großes Geschwafel erwiesen. Vielmehr prägen inkrementelle Reformschritte zur permanenten Anpassung des Gesundheitswesens an ökonomische, politische und soziale Herausforderungen die Reformgesetzgebung. In aller Regel ist dabei zu beobachten, dass nach einem oder mehreren Vorschaltgesetzen ein oder mehrere größere Reformschritte zu erwarten sind, die ggf. fein- und nachjustiert werden. Jeder Gesundheitsminister muss dabei die Erfahrungen machen, dass er stets in die Fußstapfen seines Vorgängers tritt und allenfalls kleinere Kurswechsel, niemals aber einen vollständigen Richtungswechsel vornehmen kann. Sozialwissenschaftler haben zur Erklärung dieses Phänomens die Theorie der „Pfadabhängigkeit" kreiert. Eine weitere Auffälligkeit ist der Tatsache geschuldet, dass Gesundheitsreformen oft sogenannte Reformviren implementieren, deren verändernde Kraft bei der Reform gar nicht erkannt wurde oder gar nicht beabsichtigt war.

Wer also einen Blick auf rund 25 Jahre Reformgeschichte wirft, wird unschwer bestimmte Trends erkennen können, die vielen Reformvorhaben zugrunde liegen. Dabei ist darauf aufmerksam zu machen, dass diese Trends keinesfalls linear fortgeschrieben werden, sondern quasi mäandernd den Reformgesetzen der vergangen Jahrzehnte ihren Stempel aufgedrückt haben. Beispielhaft genannt seien (ohne Anspruch auf Vollständigkeit):

- die Konvergenz der Systeme von gesetzlicher und privater Krankenversicherung,
- die Intensivierung des Wettbewerbs der Vertrags- und Betriebsformen speziell in der ambulanten Versorgung,
- die Versuche zur Überwindung der Sektorengrenzen, insbesondere bei der Planung der Kapazitäten, der Honorierung der Leistungen und der Etablierung einer umfassenden Qualitätssicherung,
- die Bemühungen zum Erhalt der flächendeckenden (Primär-)Versorgung,
- die unterschiedlichen Ansätze zur Regulierung von Preisen, Mengen und Strukturen verordneter Arzneimittel und
- der Auf- und Ausbau eines modernen Versorgungsmanagements.

Ehe man über weitergehende und gegebenenfalls auch grundlegend neue Reformansätze im Gesundheitswesen diskutiert, stellt sich die Frage, warum überhaupt permanente Reformen erforderlich sind.

2. Herausforderungen

Dazu reicht ein Blick auf die Herausforderungen, denen sich das Gesundheitswesen stellen muss. An erster Stelle ist dabei der sozio-demografische Wandel zu nennen, der nicht nur die gesamte Bevölkerung verändert, sondern auch eine spezielle Herausforderung für die Gesundheitsberufe bedeutet. Die Menschen leben länger, und der Anteil älterer und hochbetagter Menschen steigt. Dies steigert nicht nur die Nachfrage nach Dienstleistungen im Gesundheits- und Sozialsektor, sondern wirft auch die Frage auf, wie ausreichend qualifiziertes Personal zur Erbringung dieser Leistungen gewonnen und im Beruf gehalten werden kann. Gerade bei der Entwicklung der Gesundheitsberufe ist zu beobachten, dass eine Konzentration in städtischen Ballungsgebieten erfolgt, die Berufe immer mehr ausdifferenziert werden und der Anteil an Frauen kontinuierlich ansteigt. Die Versorgung selbst fokussiert sich immer mehr auf ältere Menschen. Ein stetiger medizinisch-technischer und pharmakologischer Fortschritt wirft nicht nur die Fragen der Bezahlbarkeit auf, sondern prägt den Trend zur Ambulantisierung und Individualisierung der Medizin. Dieser Trend wird überlagert durch eine Digitalisierung der Kommunikation sowohl im Verhältnis der Leistungserbringer untereinander als auch im Verhältnis von Leistungserbringern zu Patienten. Deren Erwartungen an Leistungsfähigkeit und Finanzierbarkeit des Gesundheitswesens steigen mit wachsendem Wohlstand. Gleichzeitig werfen viele Behandlungsmöglichkeiten die Frage nach Allokationseffizienz der Ressourcenentscheidungen und nach ethischen Grenzen dieser Behandlungen auf.

Bei näherer Betrachtungsweise ist eine Reihe von Fehlsteuerungen sichtbar, die dazu beitragen, dass Reformversuche an der Komplexität des Gesundheitswesens scheitern oder von wichtigen Interessengruppen blockiert werden. Obwohl sich das Krankheitsspektrum seit Jahrzehnten hin zu chronischen Erkrankungen mit degenerativem Verlauf verschiebt, sind das Leitbild und der Fokus des deutschen Gesundheitswesens auf Akutversorgung mit dem Arzt als zentralen Akteur ausgerichtet. Das System ist von Interessen- und Zielkonflikten bestimmt, die unterschiedlichen Rationalitäten folgen. Gesundheitspolitische Ziele, volkswirtschaftlicher Nutzen und betriebswirtschaftliche Rationalität stimmen in den seltensten Fällen überein. Die Kluft zwischen Machbaren und Sinnvollen wächst. Nicht nur daraus resultieren erhebliche Probleme in der Finanzierung und Verteilung von Ressourcen. Das bestehende duale Versicherungssystem führt ebenso zu Ressourcenverschwendung wie das Nebeneinander von Über-, Unter- und Fehlversorgung. Letzteres ist auch eine Ursache für die Varianzen in der Qualität in der Versorgung und für Ungleichheiten von Morbidität und Mortalität zwischen Bevölkerungsgruppen und Regionen. Viele dieser Probleme gehen auf Fehlanreize bei Planung, Honorierung und Regulierung speziell an den Schnittstellen zwischen ambulanter und stationärer, hausärztlicher und fachärztlicher, medizinischer und sozialer, akuter und rehabilitativer Versorgung zurück. Hier dominiert Sektordenken und liegt eine der Ursachen für zunehmende Bürokratisierung. Statt des missverständlichen Begriffs der Ökonomisierung, der ökonomiefreie Räume im Gesundheitswesen suggeriert, ist es zielführender von einer abrechnungsgesteuerten Versorgung zu sprechen. Diese ist sicherlich Folge von Widersprüchen und Konflikten bei unterschiedlichen Regulierungsansätzen, beschreibt aber auch eine Krise der medizinischen Ethik und eine unzureichende Qualitätsorientierung.

3. Politische Reformziele

Da politische Alternativen zu einem solidarischen Gesundheitswesen, welches einen ungehemmten Zugang zu gesundheitlichen Dienstleistungen und Produkten nur nach dem jeweiligen Bedarf und nicht nach anderen Differenzierungen - wie z.B. Alter, Geschlecht, Wohnort, Einkommen oder Bildung - gewährleistet und ökonomisch bezahlbar bleiben soll, nicht ersichtlich sind, müssen sich die grundlegenden Ansätze für weitere Gesundheitsreformen an dem ausrichten, was die Gesundheitspolitik vorfindet. Aber bereits die Fortschreibung des skizzierten Trends birgt viel Sprengstoff, manchmal so viel, dass sie im Koalitionsvertrag zwischen Unionsparteien und Sozialdemokratie für die 18. Legislaturperiode bewusst ausgeklammert wurden. Dies gilt speziell für die Konvergenz der Versicherungsmärkte und der Erschließung neuer Finanzierungsquellen, beispielsweise durch die Erhöhung des Steueranteils an den Gesundheitseinnahmen, die Verbeitragung aller Einkünfte, die Schaffung eines Lohnsummenbeitrags oder die Vereinheitlichung der Finanzierungsregelung von GKV und PKV. Zwar sind die Neuordnung der Sicherstellung der Versorgung, die Neubestimmung des Verhältnisses von Kollektiv- und Selektivverträgen und die Überwindung der Sektorengrenzen durchaus im Zielkatalog des neuen Koalitionsvertrages, doch ist das ferne Ziel der Schaffung eines einheitlichen Planungs- und Honorierungssystems in der Versorgung mit gleicher Bezahlung unabhängig vom Ort der Leistungserbringung nicht ausdrücklich formuliert. Dagegen sind einzelne Parameter, die dahingehende Reformperspektiven konkretisieren könnten, durchaus erkannt und in den Koalitionsvertrag aufgenommen worden. Dies gilt etwa für die Abbildung von Multi-Morbidität, die bessere Berücksichtigung von (Ergebnis)Qualität und die Schaffung von Anreizen zu schonender Medizin und gegen eine medizinisch nicht indizierte Mengenausweitung in den Vergütungssystemen. Auch am Ausbau der Ziel- und Nutzenorientierung des Gesundheitswesens wird ausdrücklich festgehalten.

Zentrale Ziele der Reformagenda im Koalitionsvertrag von Union und Sozialdemokraten sind:

- die Sicherstellung einer flächendeckenden, bedarfsgerechten Versorgung,
- die Verankerung von Qualität als zentralem Parameter in den Steuerungssystemen, insbesondere bei Planung und Honorierung von Leistungen jenseits der Sektor-Orientierung,
- die Schaffung einer neuen Balance von Solidarität und Wettbewerb in der Versorgung,
- die Förderung von Innovationen in der Versorgung einschließlich einer systematischen Evaluation,
- die Förderung bisheriger vernachlässigter Berufsgruppen oder Handlungsfelder (nicht ärztliche Heilberufe, Prävention) in der gesundheitlichen Versorgung.

Aus dieser Agenda, die im Koalitionsvertrag durch viele Details unterfüttert ist - auf die hier nicht eingegangen werden kann - lässt sich ein Fahrplan für gesetzgeberische Aktivitäten in der 18. Legislaturperiode herausarbeiten, dessen Umrisse hier kurz dargestellt werden sollen.

4. Fahrplan für konkrete Reformvorhaben

Wie in fast jeder Legislaturperiode gilt das erste konkrete Gesetzgebungsvorhaben der Sicherung der Ausgabenstabilität in der Arzneimittelversorgung, da zum Jahresende 2013 Preismoratorium und erhöhte Herstellerrabatte ohne gesetzliche Änderungen auslaufen. Erste Gesetzesvorhaben werden dieses Preismoratorium verlängern und den Herstellerrabatt moderat über dem früheren Niveau bei 6 % fixieren. Im Gegensatz dazu wird der Aufruf des Bestandsmarktes von Arzneimitteln zu einer Nutzenbewertung begrenzt.

Das nächste Gesetzgebungsverfahren, das bis Mitte des Jahres 2014 abgeschlossen sein soll, zielt auf den Ausbau der Qualitätssicherung und auf den Umbau des Finanzierungssystems der GKV. Zur Verstetigung der sektorübergreifenden Qualitätssicherung soll ein unabhängiges, öffentlich-rechtlich ausgerichtetes nationales Qualitätsinstitut gegründet werden, dass sich auf die vorhandenen Kompetenzen und Expertisen in diesem Gebiet stützen soll. Primäres Ziel ist die Entwicklung von Qualitätsindikatoren, die sowohl die Planung von Kapazitäten als auch die Honorierung von Leistungen umsteuern sollen. Im gleichen Gesetz soll es eine moderate Reform der Finanzierungsbedingungen der Krankenkassen geben.

Ohne großes Aufheben wird die Kopfpauschale zur Finanzierung der Sozialversicherung endgültig beerdigt. Die Zusatzbeiträge, die allein von GKV-Versicherten zu tragen sind, werden von einer nominalen Höhe auf einen prozentualen Beitrag umgestellt. Dieser wird nicht gesondert eingezogen, sondern ist Teil des Quellenabzuges. Ob sich die Fixierung des Arbeitgeberbeitrags bei 7,3 % auf Dauer halten lässt, ist ebenso ungewiss wie die Wirkung von prozentualen Zusatzbeiträgen am Krankenversicherungsmarkt. Im Kontext dieser Reform erfolgt auch eine begrenzte Korrektur von Methodenfehlern im Risikostrukturausgleich. Diese zielen auf eine gerechtere Berücksichtigung der Kosten Verstorbener in der gesetzlichen Krankenversicherung und auf eine zielgenauere Zuweisung für den Leistungsbereich Krankengeld. Krankengeld ist die einzige Leistung, die in Abhängigkeit von der Lohnhöhe gezahlt wird. Da muss diese Konexität auch im RSA berücksichtigt werden.

Noch im Jahr 2014 ist eine erste Stufe der geplanten Änderung bei der Pflegeversicherung zu erwarten. Im Mittelpunkt stehen dabei der Ausbau niederschwelliger Angebote und der Betreuungsleistungen für demenziell Erkrankte. Aber auch andere Leistungen der Pflegeversicherung sollen erhöht werden. Zur

Sicherung der künftigen finanziellen Leistungsfähigkeit ist ein kollektiver Vorsorgefonds geplant, dessen Mittel bei der Bundesbank angelegt werden sollen. Schon jetzt ist aber absehbar, dass die finanziellen Wirkungen eines solchen Fonds zur Beitragssatzstabilisierung begrenzt bleiben und sogar reale Wertverluste drohen. Offen ist erneut die Frage, wann und wie der neue Pflegebedürftigkeitsbegriff eingeführt werden soll.

Als weiteres Gesetzgebungsvorhaben für das Jahr 2014 ist die Verabschiedung eines Präventionsgesetzes angekündigt. Wie schon die Vorgängerversuche dürften im Mittelpunkt dieses Gesetzgebungsverfahrens die Verständigung auf gemeinsame Ziele und Programme zwischen unterschiedlichen Akteuren der Prävention und der Ausbau der Settingansätze in Schule, Betrieb, Wohnort… stehen. Ob Bund und Länder der Versuchung widerstehen können, öffentliche Aufgaben durch Beitragsmittel finanzieren zu lassen, wird erst der konkrete Gesetzentwurf zeigen.

Zumindest der Beginn eines Gesetzgebungsverfahrens ist auch auf einer weiteren Dauerbaustelle der Gesundheitspolitik zu erwarten. Die Gewährleistung einer flächendeckenden Versorgung, speziell im Bereich der Primär- oder Grundversorgung, soll vor allem durch die Sicherung der Aus-, Weiter- und Fortbildung in der Allgemeinmedizin, dem Aufbau kooperativer Betriebsfarmen und die Aufwertung nicht-ärztlicher Gesundheitsberufe erfolgen.

Der dickste Brocken der Gesundheitspolitik in der 18. Legislaturperiode liegt in der Neuordnung von Krankenhausplanung und –finanzierung. Hier sprechen die Länder ein mehr als gewichtiges Wort mit. Von daher ist es naheliegend, dass Bund und Länder sich in einer gemeinsamen Arbeitsgruppe über Eckpunkte der Reform verständigen, ehe 2015 dann das konkrete Gesetzgebungsvorhaben beginnen soll. Wie bereits erwähnt, soll die Krankenhausplanung von einer Bettenorientierung auf eine Erreichbarkeits- und Qualitätsorientierung umgestellt werden. Hier sind viele Detailfragen zu klären. Dies gilt für auch für die Fortentwicklung des DRG-Systems, in dem zum Beispiel Anreize zur medizinisch nicht indizierten Mengenausweitung beseitigt und Hochkostenfälle besser berücksichtigt werden. Besonderen Diskussionsbedarf dürften Fragen auslösen, wie die Überversorgung in Ballungsgebieten abgebaut, die flächendeckende Versorgung gesichert und Übergänge zwischen Versorgungsstufen gestaltet werden. Zwar wurde der von Fachpolitikern angeregte Umstrukturierungsfonds zur Finanzierung der Umwandlung nicht bedarfsgerechter Krankenhäuser in medizinische Versorgungszentren, geriatrische Kurzzeitinstitutionen usw. nicht in den Koalitionsvertrag aufgenommen, doch sind sich (fast) alle Fachleute einig, dass ohne ökonomische Anreize eine Kapazitätssteuerung nicht funktionieren wird.

Daher dürfte der interessanteste Teil der Gesundheitspolitik in der 18. Legislaturperiode beginnen, wenn offene Fragen diskutiert werden, für die der Koalitionsvertrag keine Festlegung enthält. Angesichts des Tempos, das die neue Bundesregierung bei der Umsetzung des Koalitionsvertrages bisher vorlegt, wird dies nicht lange auf sich warten lassen.

Dirk Göpffarth

Regionale Versorgungsunterschiede – Was kann, was soll der Risikostrukturausgleich leisten?

1. Einleitung

Vor über 40 Jahren erschien in der Zeitschrift „Science" ein bahnbrechender Aufsatz von John Wennberg und Alan Gittelsohn mit dem Titel „Small Area Variation in Health Care Delivery" (Wennberg, J./Gittelsohn, A. 1973). Dieser Aufsatz begründete einen neuen Forschungszweig, dessen Programm bereits im Untertitel angedeutet war: „A population-based health information system can guide planing and regulatory decision-making." In den folgenden Jahren entstanden zahlreiche Veröffentlichungen zu dem Thema und der bekannte *Dartmouth Atlas of Health Care*.[1] Die Untersuchungen belegten nicht nur die Existenz regionaler Variationen in der Inanspruchnahme von Gesundheitsleistungen sowie den Gesundheitsausgaben, sie zeigte zudem auch, dass sich diese nur zu einem geringen Anteil erklären lassen.

Erklärungsversuche anhand von Unterschieden in Einflussfaktoren wie Demographie, Preise oder Morbidität gab es viele. Um ein paar Beispiele zu nennen: Gemäß einer Studie des US Congressional Budget Office (CBO) lassen sich 30 % der Variation der Ausgaben der staatlichen Rentnerversicherung *Medicare* durch Unterschiede in den Inputpreise und 20 % durch Unterschiede in der Morbidität erklären (CBO 2008). Die für Vergütungsfragen von Medicare zuständige MedPAC-Kommission stellte fest, dass 40 % der Variation durch Preise, Alter und Morbidität erklärt werden (MedPAC 2003). Schließlich kam eine Untersuchung von (Bernstein, J. et al. 2011) zu dem Ergebnis, dass 30 % bis 45 % der regionalen Variation erklärt werden kann. Fast einhellige Aussagen aller Untersuchungen ist, dass sich etwa knapp die Hälfte der Variation in den Gesundheitsausgaben erklären lässt. Damit bleibt aber mehr als die Hälfte der Variation unerklärt.

Hinzu kommt, dass weitere Studien gezeigt haben, dass höhere Ausgaben oder Muster höherer Inanspruchnahme nicht mit besserer medizinischer

---

[1] Siehe http://www.dartmouthatlas.org. Dort findet sich auch eine umfangreiche Bibliographie.

Versorgungsqualität oder medizinischen Ergebnissen korreliert sind. Es gibt sogar Hinweise, dass die Qualität in Regionen mit hohen Ausgaben leidet (Fisher, E. et al. 2003a, 2003b). Das Credo des „Mehr ist besser" in der Medizin wurde in Frage gestellt. Die Diskussion erhielt dadurch eine politische Dimension. Sind höhere Ausgaben nicht mit besseren Ergebnissen verbunden, so können Einsparungen gemacht werden, ohne die Qualität zu reduzieren, wurde argumentiert. Die Variationen wurden somit als Zeichen für Ineffizienzen gewertet, deren Beseitigung zu Einsparungen bei gleicher vermuteter Qualität führten. Sutherland et al. (2009) gehen von einem Einsparpotenzial von 30 % aus. Diese Sichtweise hat auch Eingang in Präsident Obamas Gesundheitsreform in Form von Vergütungsabschlägen in Hochkostenregionen gefunden.

Diese Sichtweise blieb nicht ohne Kritik. Kritiker weisen auf den fehlenden Nachweis eines kausalen Zusammenhangs zwischen der Variation und Ineffizienzen hin (Sheiner, L. 2013) und vermuten die Ursachen für die nicht erklärte Varianz in Morbiditätsunterschieden, die nicht durch Leistungsdaten nachgewiesen werden können (Bernstein, J. et al. 2011; Doyle, J. 2011; Reschovsky, J. et al. 2011; Zuckerman, S. et al. 2010). Auch Kodiervariationen können als Ursache angesehen werden (Song, Y. et al. 2010).

Zur Klärung dieser Kontroversen wurde das Institute of Medicine beauftragt, ein umfassendes Gutachten zu diesem Thema vorzulegen (Newhouse et al. 2013). Das Gutachten bestätigt das Ausmaß nicht erklärbarer Variation und die Tatsache, dass diese Variation nicht mit Unterschieden in der Qualität der Versorgung korreliert ist.

Der *Dartmouth Atlas* und die Herangehensweise an die Untersuchung regionaler Variationen haben in vielen Ländern Nachahmer gefunden.[2] In Deutschland – einem Land mit hohen Gesundheitsausgaben aber eher durchschnittlichen Ergebnisindikatoren – lassen sich auch größere Ineffizienzen vermuten. Trotzdem existieren hier erst wenige Studien, vermutlich aus Gründen einer fehlenden Verfügbarkeit regionaler Daten. Erst in den letzten Jahren haben sich sektoral begrenzte Darstellungen etabliert. Der *Versorgungsatlas* des Zentralinstituts für die kassenärztliche Versorgung[3] mit den Daten der vertragsärztlichen Versorgung und der *Faktencheck Gesundheit* der Bertelsmann-Stiftung[4] mit den Daten der stationären Versorgung orientieren sich mit ihren interaktiven Karten erkennbar am *Dartmouth Atlas*. Auch andere Studien untersuchen

---

2 Z.B in Großbritannien: National Health Service (2010). Einen Überblick über Studien aus verschiedenen Ländern vermittelt die Seite http://wennbergcollaborative.org.
3 http://www.versorgungsatlas.de
4 http://www.faktencheck-gesundheit.de, vgl. {Bertelsmann Stiftung 2011 #57}.

regionale Variationen im Rahmen der vertragsärztlichen[5] oder stationären Versorgung.[6]

In diesem Zusammenhang ist auch der Bericht zur Evaluation des Jahresausgleichs 2009 im Risikostrukturausgleich (Drösler, S. et al. 2011) zu nennen. Im Gegensatz zu den zuvor genannten sektorspezifischen Analysen steht hier mit der Datengrundlage des Risikostrukturausgleichs eine sektorübergreifende Datengrundlage zur Verfügung. Auf dieser Grundlage werden regionale Morbiditäts- und Ausgabenvariationen dargestellt und die im Risikostrukturausgleich entstehenden regionalen Über- und Unterdeckungen auf Kreisebene untersucht. Weitere Analysen auf diesem Datensatz präsentiert Göpffarth (2011).

Zentrales Thema des Evaluationsberichtes waren nicht die regionalen Variationen, sondern die regionalen Auswirkungen des Risikostrukturausgleichs. In der politischen Diskussion geht es in erster Linie um die Auswirkungen auf der Ebene der Länder. Diese Diskussion ist insofern schräg, als dass nicht Ländern, sondern Krankenkassen am Risikostrukturausgleich teilnehmen, und sich die Beitragsmittel der Krankenkassen nicht den Ländern zurechnen lassen. Der Evaluationsbericht kommt zudem zu dem Schluss, dass die Variation der Ausgaben innerhalb der Länder größer ist als innerhalb der Länder. Eine Einbeziehung von Regionalmerkmalen auf Länderebene im Risikostrukturausgleich wird daher abgelehnt.

Allerdings wies der Bericht insbesondere auf Unterdeckungen in den Kernstädten und Überdeckungen im umliegenden Verdichtungsraum hin, empfiehlt jedoch nicht die Berücksichtigung eines solchen Merkmals. Nicht zuletzt durch die Schließung der in den Hochkostenregionen Hamburg und Berlin konzentrierten City-BKK wegen mangelnder wirtschaftlicher Leistungsfähigkeit wurde zunehmend die Frage aufgeworfen, ob regionale Ausgabenunterschiede im Risikostrukturausgleich zu berücksichtigen seien.

Daher wird dieser Beitrag der Frage nach einer Regionaldimension im Risikostrukturausgleich nachgehen. Diese Frage hat eine positive Dimension – *Lässt sich die Zielgenauigkeit des Risikostrukturausgleichs durch einen Regionalfaktor verbessern?* – und eine normative Dimension – *Sollte ein entsprechender Faktor im Risikostrukturausgleich berücksichtigt werden?* (Abschnitt 4). Zuvor wird aber die Datengrundlage (Abschnitt 2) und die Erkenntnislage zu regionalen Variationen in den Gesundheitsausgaben der Gesetzlichen Krankenversicherung (Abschnitt 3) dargestellt.

---

5 {Greube 2011 #390}
6 Vgl. die Beiträge im Krankenhausreport 2012 ({Augurzky 2012 #1002}) sowie {Augurzky 2013 #1003}.

2. Datengrundlage

Grundlage der hier präsentierten sektorübergreifenden Variationen in den Gesundheitsausgaben sind die Daten des Risikostrukturausgleichs. Der Risikostrukturausgleich ist das Finanzausgleichsverfahren zwischen den gesetzlichen Krankenkassen. Seit dem 1.1.2009 wird er morbiditätsorientiert durchgeführt; zu diesem Zweck werden für alle GKV-Versicherten von den Krankenkassen die Diagnosen aus der vertragsärztlichen und stationären Versorgung sowie die Arzneimittelverordnungen versichertenbezogen gemeldet. Die Jahresausgaben kommen für eine Stichprobe von knapp 7 % der GKV-Versicherten hinzu; seit 2011 werden diese Angaben für alle Versicherten gemeldet. Zur Begrenzung der regionalen Verteilungswirkung durch die Einführung des Gesundheitsfonds fand in den Jahren 2009 und 2010 die sog. „Konvergenzklausel" Anwendung (§ 272 SGB V). Zu diesem Zweck wurden in diesen Jahren die Datenmeldungen um ein Regionalmerkmal ergänzt (5-stelliger Kreisgemeindeschlüssel).

Bisherigen Analysen auf der Grundlage der Daten des Risikostrukturausgleichs (Drösler, S. et al. 2011, Göpffarth, D. 2011) basieren hinsichtlich der regionalen Ausgaben auf eine Auswertung der 7 %-Stichprobe. Aufgrund der schiefen Verteilung der Gesundheitsausgaben ist es aber nicht auszuschließen, dass diese Ergebnisse durch Stichprobenfehler verzerrt sind. Dafür gibt es tatsächlich Hinweise: Im Jahr 2009 wies Bad Kissingen mit 2.735 Euro die höchsten Ausgaben auf. Selbst nach Standardisierung lagen die Ausgaben noch bei 2.666 Euro. Im Folgejahr 2010 waren die Ausgaben in Bad Kissingen mit 2.489 Euro nach wie vor hoch, aber nicht mehr so auffällig. Im Jahr 2010 hingegen wurden die höchsten Ausgaben mit 2.834 Euro in Pfaffenhofen/Ilm verzeichnet; nach Standardisierung betrugen diese sogar 3.144 Euro. Im Vorjahr 2009 lagen die Ausgaben in Pfaffenhofen/Ilm noch bei unterdurchschnittlichen 1.951 Euro. Umso wichtiger ist daher eine Kontrolle der Ergebnisse auf der Grundlage einer Vollerhebung.

Obwohl das Regionalmerkmal nur in den Jahren 2009 und 2010 erhoben wurde, und die Vollerhebung der Ausgaben im Risikostrukturausgleich erst 2011 begann, ist einer Verknüpfung möglich. Dies liegt daran, dass der Risikostrukturausgleich als prospektives System angelegt ist: Ausschlaggebend für die Zuweisungen sind die Diagnosen des Vorjahres; die Höhe der Zuweisungen wiederum orientiert sich an den Folgekosten im Folgejahr. Um dies berechnen zu können, müssen die Daten jeweils zweier Jahre miteinander verknüpfbar sein. Somit lassen sich auch die vollerhobenen Ausgaben des Jahres 2011 mit dem Regionalmerkmal des Jahres 2010 verknüpfen. Offensichtlich funktioniert diese Verknüpfung nicht für Versicherte des Jahres 2011, die im Jahr 2010 noch nicht versichert waren – d.h. Neugeborene, Zuwanderer, Rückkehrer aus PKV etc. Allerdings lassen sich so für 97,7 % der Versicherte des Jahres 2011 Angaben zum Wohnsitz machen.

3. Darstellung der Regionale Variationen auf Kreisebene

3.1 Regionale Variation der GKV-Ausgaben

Bislang lagen die Ausgaben auf Kreisebene nur im Rahmen der Datenerhebungen 2009 und 2010 als Stichprobenerhebung vor. In beiden Jahren konnten die Ausgaben je Kreis erheblich voneinander abweichen, wie die Beispiele im vorangegangenen Abschnitt zeigen. Ganz überwiegend waren die Ausgaben aber über die beiden Jahre stabil. Die Korrelation der Ausgaben zwischen den Jahren 2009 und 2010 lag bei r=0,8682. Die Korrelation zwischen den Stichprobenergebnissen aus 2010 und den vollerhobenen Ausgaben aus 2011 lag in derselben Größenordnung (r=0,8485). Ob sich von der Vollerhebung eines Jahres zur Vollerhebung eines anderen Jahres eine größere Stabilität ergibt, kann nicht gesagt werden, da die nächste Vollerhebung des Jahres 2012 nicht mehr regionalisiert werden kann.

Die Verteilung der Ausgaben auf die Kreise kann der Abbildung 1 entnommen werden. Bei mittleren Pro-Kopf-Ausgaben im Jahr 2011 von 2.207 Euro reicht die Spanne auf Kreisebene von 1.876 Euro bis 2.727 Euro. Damit hat sich die Spanne der Ausgaben gegenüber der Stichprobe 2010 (1.805 Euro bis 2.834 Euro) nur leicht reduziert. Der Variationskoeffizient hat sich geringfügig von 8,12 auf 7,83 reduziert.

Abbildung 1: GKV-Ausgaben auf Kreisebene, 2011 (nach Ausgabenhöhe sortiert)

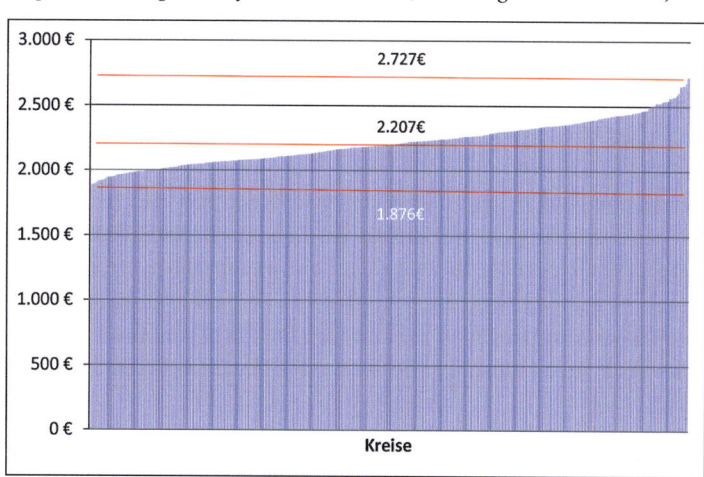

Quelle: Eigene Berechnungen

In der geographischen Verteilung lassen sich überdurchschnittliche Ausgaben insbesondere im Osten Deutschlands beobachten, aber auch im Ruhrgebiet, Saarland, Oberfranken und dem Bayerischen Wald.

3.2 Erklärbarkeit der Ausgabenvariation durch regionale Morbiditätsunterschiede

Die geographische Verteilung der Ausgaben weist bereits auf einen naheliegenden Erklärungsansatz hin: Diese Regionen weisen demographisch ein überdurchschnittliches Alter der Bevölkerung auf, und aufgrund dessen auch eine höhere Morbiditätsbelastung. Zur Messung des Einflusses von Demographie und Morbidität auf die Gesundheitsausgaben bietet der morbiditätsorientierte Risikostrukturausgleich ein leistungsfähiges Modell an. Anhand der Angaben zum Alter und Geschlecht der Versicherten, dem Bezug von Erwerbsminderungsrenten sowie die anhand von Diagnosen und Verordnungen bezogen auf 80 schwerwiegende und kostenintensive chronische Krankheiten gemessene Morbidität kann eine Standardisierung der Ausgaben auf die GKV-durchschnittliche Bevölkerung erfolgen. Der Einfluss dieser Faktoren auf die Ausgaben kann so herausgerechnet werden. Weist ein Kreis auch nach Standardisierung überdurchschnittliche Ausgaben auf, so bedeutet dies, dass diese noch höher sind, als es aufgrund der demographischen Struktur und Morbidität zu erwarten wäre.

Angaben zu regionalen Unterschieden in der Morbidität lagen bereits in den Jahren 2009 und 2010 auf der Grundlage einer Vollerhebung vor. Mit Morbidität wird hier die im Rahmen des Risikostrukturausgleichs erfasste Morbidität gemeint (RSA-Risikofaktor). Diese Angaben weisen eine hohe Konstanz auf. So liegt der Korrelationskoeffizient der RSA-Risikofaktoren je Kreis zwischen den Jahren bei $r=0,9946$ (2009 zu 2010) bzw. $r=0,9930$ (2010 zu 2011).

Entscheidend wird es, wenn man die beiden Seiten – Morbidität und Ausgaben – zusammenbringt. Dies erfolgt im Rahmen der standardisierten Leistungsausgaben. Die Standardisierung der Leistungsausgaben erfolgt anhand der Risikomerkmale des Risikostrukturausgleiches. Die Stabilität der Höhe der standardisierten Leistungsausgaben je Kreis zwischen den Jahren war bislang nicht besonders hoch (zwischen 2009 und 2010 $r=0,612$ und zwischen 2010 und 2011 $r=0,5235$).

Abbildung 2: Standardisierte Leistungsausgaben je Kreis, 2011

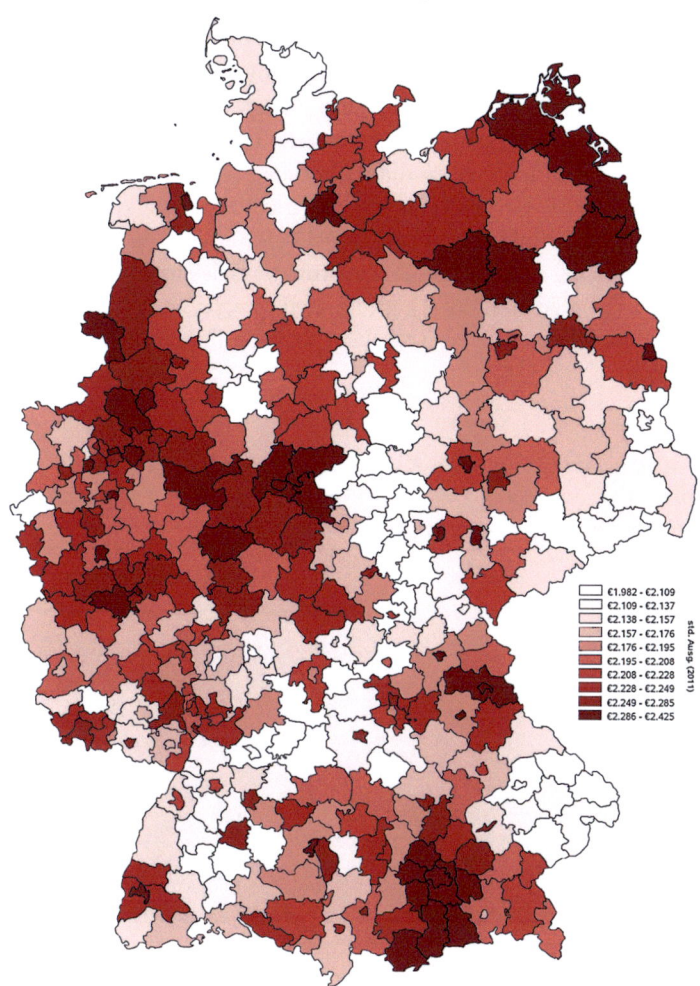

Quelle: Eigene Darstellung

Die Unterschiede zwischen den standardisierten Leistungsausgaben je Kreis, dargestellt in Abbildung 2, haben zwei Interpretationen: Zum einen zeigen die Unterschiede die Varianz in den Ausgaben zwischen den einzelnen Kreise an, die nicht durch demographische Unterschiede und Unterschiede in der dokumentierten Morbidität erklärt werden können. Hier haben sich durch die Umstellung auf die Vollerhebung sowohl Spanne als auch Varianz erheblich reduziert. Im Jahr 2009 lag die Spanne bei 1.852 Euro bis 2.666 Euro und der Variationskoeffizient bei 4,72. Die Spanne im Jahr 2010 ging von 1.908 Euro bis 3.144 Euro bei einem Variationskoeffizienten von 5,01. Mit dem Umstieg auf die Vollerhebung fällt die Spanne auf 1.982 Euro bis 2.425 Euro und der Variationskoeffizient auf 3,27. Die regionale Verteilung der Über- und Unterdeckungen ist sehr ähnlich. Offensichtlich hat die Stichprobe zu einzelnen Ausreißern geführt, die Spanne und Varianzen erhöhen, aber nicht zu einem systematisch anderen Bild führen. Allerdings ist nun der Anteil der Variation in den Ausgaben je Kreis, die durch die Faktoren des Risikostrukturausgleichs erklärt werden können, von 44 % (Göpffarth, D. 2011) auf nunmehr knapp 60 % angestiegen. Diesen Effekt der zunehmenden Varianzerklärung kann man auch der Abbildung 3 entnehmen.

Abbildung 3: Standardisierte Ausgaben auf Kreiseebene, 2011 (nach Ausgabenhöhe sortiert)

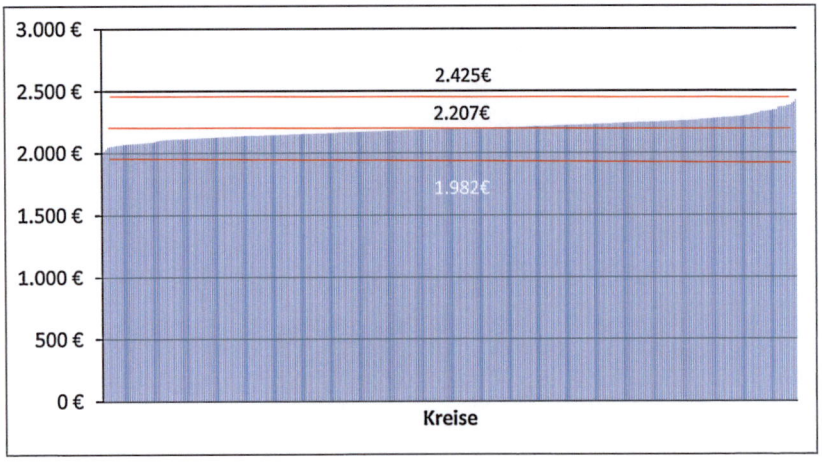

Quelle: Eigene Berechnungen

Die 60 %ige Reduzierung der Varianz kann als Bestätigung des Diktums von Klaus Jacobs gelten: „Der Morbi-RSA regionalisiert automatisch […] Ist die Krankheitslast in einer Region besonders hoch, erhalten die Krankenkassen für die dortigen Versicherten entsprechend mehr Geld" (Jacobs, K. 2010).

Die zweite Interpretation der Abbildung 2 liegt in dem Bezug zum Risikostrukturausgleich. Da zur Standardisierung genau die Risikofaktoren des Risikostrukturausgleichs herangezogen wurden, erhält die standardisierte Bevölkerung gerade die bundesdurchschnittliche Zuweisung in Höhe von 2.207 Euro. Liegen die standardisierten Leistungsausgaben z.B in Weiden in der Oberpfalz bei 2.425 Euro, so haben die dort tätigen Krankenkassen im Durchschnitt Unterdeckungen von über 200 Euro je Versicherten. Bei standardisierten Leistungsausgaben in Höhe von 1.982 Euro in Flensburg entstehen hingegen durchschnittliche Überdeckungen von über 200 Euro. Solche Über- und Unterdeckungen bergen die Gefahr einer regionalen Risikoselektion (Bauhoff, S. 2012), so dass sich die Frage nach einer Regionalkomponente im Risikostrukturausgleich stellt.

Bemerkenswert ist, dass die Variation der standardisierten Gesamtausgaben mit einem Variationskoeffizient von 3,27 geringer liegt als die Variation der standardisierten Ausgaben der einzelnen Leistungsbereiche (Ärzte: 8,21, Arzneimittel: 6,33, Krankenhaus: 6,38, Sonstige: 8,05). Offensichtlich bestehen zwischen den einzelnen Leistungsbereichen (z.B. zwischen Ärzten und Krankenhaus oder zwischen Ärzten und Arzneimittel) Kompensationseffekte. Dies spricht auch für die Notwendigkeit einer sektorübergreifenden Betrachtung und zeigt die Grenzen sektorspezifischer Betrachtungen auf.

3.3 Erklärungsversuche der verbliebenen Variation

3.3.1 Erklärungsansätze

Bei der Suche nach Erklärungsansätzen für die nach der Standardisierung durch den morbiditätsorientierten Risikostrukturausgleich verbliebenen Variationen gibt es im Wesentlichen zwei Ansätze. Während Gaßner et al. (2011) für eine Regionalvariable auf Länderebene plädieren, führen Drösler et al. (2011) aus, dass „eine Einbeziehung von Regionalfaktoren im Risikostrukturausgleich, die auf Ländergrenzen abstellt, aus wissenschaftlicher Sicht zu kurz greifen würde." Stattdessen stellen sie Überlegungen an, die in die Richtung einer Berücksichtigung siedlungsstruktureller Elemente gehen, werfen aber auch die Frage auf, ob diese Problematik im Rahmen des Risikostrukturausgleichs zu lösen sei. Beide Betrachtungsperspektiven sollen im Folgenden dargestellt werden. Weitere soziodemographische Merkmale scheinen hingegen keinen Einfluss auf die verbliebene Variation zu haben (Göpffarth, D. 2011).

3.3.2 Einfluss des Kreistypus

Im Rahmen der Laufenden Raumbeobachtung unterscheidet das Bundesinstitut für Bau-, Stadt- und Raumforschung (BBSR) vier siedlungsstrukturelle

Kreistypen: Kreisfreie Großstädte, städtische Kreise, ländliche Kreise mit Verdichtungsansätzen sowie dünn besiedelte ländliche Kreise. Hierfür wird der Bevölkerungsanteil in Groß- und Mittelstädten sowie die Einwohnerdichte der Kreisregion herangezogen. Tabelle 1 zeigt die durchschnittlichen Über- bzw. Unterdeckungen im Risikostrukturausgleich nach siedlungsstrukturellem Kreistyp auf. Wie bereits von Drösler et al. (2011) – anhand einer älteren Typologie der Kreise – aufgezeigt, weisen insbesondere der stark verstädterte Raum Unterdeckungen auf, während im ländlichen Raum durchschnittlich Überdeckungen erreicht werden. Für Versicherte in kreisfreien Großstädten erzielen Krankenkassen im Durchschnitt 39 Euro weniger an Zuweisungen als sie an Ausgaben realisieren. Die Unterdeckung entsteht in erster Linie im Bereich der vertragsärztlichen Versorgung. Dieser Sektor trägt umgekehrt auch maßgeblich zu den Überdeckungen auf dem Lande bei.

Tabelle 1: Über- und Unterdeckung im RSA nach siedlungsstrukturellem Kreistyp, 2011

	Alle	**Ärzte**	**Arzneimittel**	**Krankenhaus**
Kreisfreie Großstädte	-39,2 €	-28,5 €	5,8 €	-7,6 €
Städtische Kreise	4,0 €	0,4 €	-3,0 €	3,7 €
Ländliche Kreise mit Verdichtungsansatz	34,9 €	18,5 €	-1,0 €	10,0 €
Dünn besiedelte ländliche Kreise	21,2 €	30,0 €	-1,5 €	-7,3 €

Quelle: Eigene Berechnungen

Etwas deutlicher wird der Zusammenhang, wenn man bei der Aggregation der Kreise nicht auf den siedlungsstrukturellen Typ, sondern auf räumliche Lage – d.h. peripher oder zentral – abstellt. Die räumliche Lage wird vom BBSR anhand der erreichbaren Tagesbevölkerung ermittelt. Die Über- und Unterdeckungen nach räumlicher Lage finden sich in Tabelle 2. Hier sieht man die maßgeblich durch die vertragsärztliche Versorgung getriebenen Unterdeckungen in sehr zentralen Lagen, während in peripheren Lagen erheblich Überdeckungen aus der vertragsärztlichen zu verzeichnen sind. In sehr peripheren Gebieten werden diese Überdeckungen aber durch Mehrausgaben in der Arzneimittel- und Krankenhausversorgung kompensiert.

Regionale Versorgungsunterschiede 25

Tabelle 2: Über- und Unterdeckung im RSA nach räumlicher Lage, 2011

	Alle	Ärzte	Arzneimittel	Krankenhaus
Sehr zentral	-25,1 €	-17,8 €	3,3 €	-7,4 €
Zentral	12,0 €	3,0 €	-3,1 €	9,9 €
Peripher	37,9 €	26,5 €	-0,6 €	7,1 €
Sehr peripher	-9,7 €	54,2 €	-16,5 €	-38,5 €

Quelle: Eigene Berechnungen

3.3.3 Einfluss der Landeszugehörigkeit

Auf Landesebene schwanken die Deckungsbeträge zwischen einer durchschnittlichen Unterdeckung von 156 Euro in Hamburg bis zu einer durchschnittlichen Überdeckung von 79 Euro in Thüringen. Dass aber die Schwankungen innerhalb der Bundesländer sehr groß sind, und in jedem Flächenland sowohl über- wie überdeckte Kreise existieren, kann Abbildung 2 entnommen werden.

Tabelle 3: Morbidität, Ausgaben und Deckung auf Ebene der Länder

Bundesland	Risikofaktor	Ausgaben	Deckungsquote	Deckungsbetrag
Schleswig-Holstein	0,9693	2.110 €	101,4 %	29 €
Hamburg	0,9478	2.248 €	93,1 %	-156 €
Niedersachsen	0,9810	2.152 €	100,6 %	13 €
Bremen	0,9798	2.121 €	102,0 %	41 €
Nordrhein-Westfalen	0,9883	2.201 €	99,1 %	-20 €
Hessen	0,9791	2.174 €	99,4 %	-13 €
Rheinland-Pfalz	0,9957	2.207 €	99,6 %	-9 €
Baden-Württemberg	0,9418	2.047 €	101,6 %	32 €
Bayern	0,9688	2.152 €	99,4 %	-14 €
Saarland	1,0566	2.344 €	99,5 %	-12 €
Berlin	1,0341	2.332 €	97,9 %	-49 €
Brandenburg	1,1101	2.432 €	100,8 %	19 €
Mecklenburg-Vorpommern	1,1105	2.494 €	98,3 %	-43 €
Sachsen	1,0876	2.344 €	102,4 %	57 €

Bundesland	Risikofaktor	Ausgaben	Deckungsquote	Deckungsbetrag
Sachsen-Anhalt	1,1357	2.463 €	101,8 %	43 €
Thüringen	1,1283	2.411 €	103,3 %	79 €
Bund	1,0000	2.207 €	100,0 %	0 €

Quelle: Eigene Berechnungen

3.3.4 Erklärungsanteil von Kreistyp und Landeszugehörigkeit

Welchen Anteil an der nach Standardisierung verbliebenen Varianz können die Kreistypen bzw. die Landeszugehörigkeit erklären? Hierzu wurde eine populationsgewichtete lineare Regression mit den Deckungsbeträge je Versicherten je Kreis als abhängige Variable und den Kreistypen bzw. die Länderzugehörigkeit als unabhängige Variablen durchgeführt. Es zeigt sich, dass die Kreistypen etwa 12 % bis 14 %, die Länderzugehörigkeiten hingegen knapp 27 % der verbleibenden Variation erklären können (R^2-Wert). Kreistyp und Länderzugehörigkeit zusammen erklären etwa ein Drittel der verbliebenen Variation erklären.

4. Regionalfaktoren im Risikostrukturausgleich

4.1 „Können": Verbesserungspotential durch Regionalmerkmale

4.1.1 Bewertungskriterien

Es soll zunächst empirisch überprüft werden, welche Effekte eine Einbindung eines Regionalmerkmals – entweder in Form einer Variable für den Kreistyp oder in Form einer Variable für die Länderzugehörigkeit des Versicherten – in den Risikostrukturausgleich hätte. Dies geschieht losgelöst von der in Abschnitt 4.2 diskutierten normativen Fragestellung, ob eine solche Einbindung auch erfolgen sollte. Technisch werden in den Modellen jeweils Dummyvariablen je Versicherten für die 16 Bundesländer bzw. den vier Kreistypen gebildet und in die Regression – neben AGG, EMG und HMG – einbezogen.

Zunächst sollte durch eine Einbindung eines Regionalmerkmales dreierlei erreicht werden. Zum einen sollten die in Abbildung 2 aufgezeigten Über- und Unterdeckungen, von denen die Gefahr regionaler Risikoselektionsstrategien ausgehen könnte, reduziert werden. Zum anderen existieren auch zwischen den Krankenkassen selber erhebliche Unterschiede in den Deckungsquoten, die aus Unterschieden in der Wirtschaftlichkeit allen nicht erklärt werden können. So lag die Spanne der Deckungsquoten im Jahr 2011 zwischen 86,6 % und

113,3 % (siehe Abbildung 4).[7] Die mittlere absolute prozentuale Abweichung (MAPE) der Zuweisung von den Ausgaben lag bei 2,65 %. Es wird immer wieder die These aufgestellt, dass diese Unterschiede in den Kassenpositionen auf nicht berücksichtigte regionale Unterschiede zurückzuführen sind, so dass man sich von einer Regionalvariablen eine Verbesserung erhoffen sollte. Schließlich misst sich die Zielgenauigkeit auf Individualebene durch das statistischen Bestimmtheitsmaß R^2, das im Referenzmodell bei 23,8290 % lag.

Abbildung 4: Deckungsquoten auf Einzelkassenebene (Status quo mit Annualisierung)

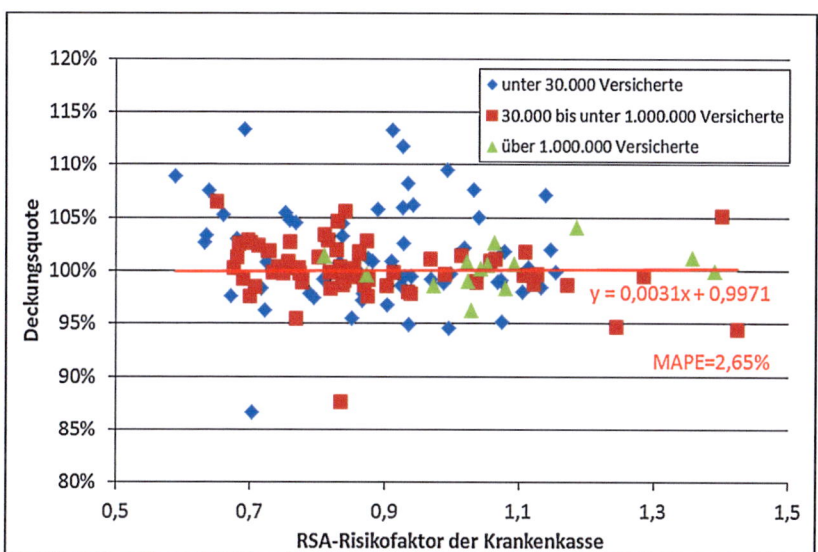

Quelle: Eigene Berechnungen

4.1.2 Kreistypmodell

Beim Kreistypmodell wird nur auf den siedlungsstrukturellen Kreistyp abgestellt, da dieser in der vorangegangenen Analyse (Abschnitt 3.3.4) die höhere Erklärungskraft aufwies. Dieses Modell mit einem R^2-Wert von 23,8305 %

---

[7] Um sicherzustellen, dass die hier ausgewiesenen Effekte nicht aus methodischen Problemen aufgrund einer fehlenden Annualisierung der Ausgaben Verstorbener resultiert, wurden die Ausgaben hier zu analytischen Zwecken – anders als bei der Durchführung des Verfahrens – annualisiert. Die Spanne weicht daher von der tatsächlichen des Jahres 2011 (88,0 % bis 114,5 %) etwas ab.

würde die Unter- und Überdeckungen nach Kreistyp eliminieren. Trotzdem bleibt die Spanne der Über- und Unterdeckungen von jeweils knapp über 200 Euro auf Kreisebene unverändert. Während im Status quo ohne Regionalmerkmal 189 Kreise mit 30,1 Mio. GKV-Versicherten eine Über- oder Unterdeckung vom im Betrag mehr als 50 Euro aufwiesen, sind das nachher noch 178 Kreise mit 27,7 Mio. Versicherte. Die regionalen Über- und Unterdeckungen auf Kreisebene werden also nur unwesentlich verringert. Auch auf Kassenebene reduziert sich die Spanne nur auf 87,1 % bis 113,2 % bei einem MAPE von 2,59 %.

4.1.3 Ländermodell

Das Ländermodell führt auf Individualebene zu keiner besseren Zielgenauigkeit; der R^2-Wert fällt auf 23,4607 %. Dies gilt aber auch auf Kreisebene: Die Spanne der Deckungsbeträge steigt an; die maximale Überdeckung liegt nun bei 265 Euro. Mit absoluten Über- oder Unterdeckungen von mehr als 50 Euro bleiben 189 Kreise mit 30,0 Mio. Versicherte betroffen. Da in jedem Flächenland sowohl über- als auch unterdeckte Kreise existieren, würde dieses Modell in einem im Durchschnitt unterdeckten Land mehr Mittel zuweisen und damit zwar die Unterdeckungen in den einen Kreisen reduzieren, gleichzeitig aber auch die Überdeckungen in den anderen Kreisen erhöhen. Umgekehrt verhielt es sich in im Durchschnitt überdeckten Ländern. Auf Kassenebene schließt sich die Spanne der Deckungsbeiträge im Ländermodell etwas stärker als im Kreistypmodell, bleibt aber immer noch bei 87,3 % bis 112,0 %. Das MAPE liegt bei 2,45.

4.1.4 Kombiniertes Kreistyp- und Ländermodell

Auch mit einer Kombination aus Ländermodell und Kreistypmodell gelingt es nicht, die Zielgenauigkeit der Zuweisungen auf Ebene der individuellen Versicherten, der Kreise und der Krankenkassen zu erhöhen. Der R^2-Wert liegt mit 23,7282 % unter dem des Status quo-Modells. Die Spanne der Über- und Unterdeckungen auf Kreisebene reicht von -225 Euro bis +240 Euro. Mit absoluten Über- oder Unterdeckungen von mehr als 50 Euro bleiben 179 Kreise mit 27,0 Mio. Versicherte betroffen. Auf Kassenebene liegt das MAPE – wie beim reinen Ländermodell bei 2,45. Spanne und Verteilung hat sich gegenüber dem Status quo kaum verändert (siehe Abbildung 5).

Abbildung 5: Deckungsquoten auf Einzelkassenebene (Kombiniertes Länder-/Kreistyp-Modell)

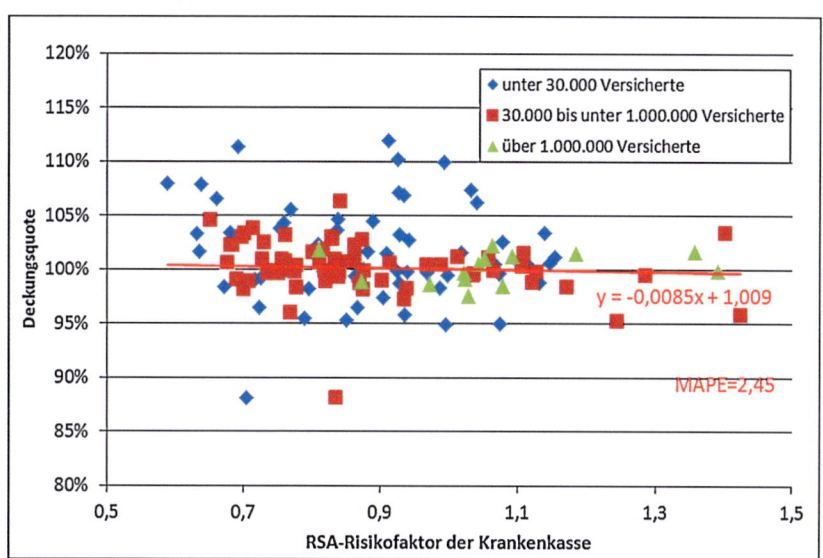

Quelle: Eigene Berechnungen

4.2 „Sollen": Normative Aspekte eines Regionalfaktors

Gegen die Einbindung eines Regionalmerkmals in den Risikostrukturausgleich werden auch normative Argumente vorgebracht. Zum einen muss gefragt werden, inwieweit die regionalen Ausgabenunterschiede aus Sicht der Krankenkassen exogen sind, oder ob sie nicht doch teilweise auch durch die Aktivitäten der Krankenkassen beeinflusst werden. Doch selbst wenn die Faktoren exogen sind, stellt sich die Frage ob der Ausgleich in den Risikostrukturausgleich gehört oder ob hier nicht eher regionale Differenzierungen bei der Beitragserhebung oder in den Vergütungssystemen gefragt sind. Diese Fragen können aber insofern zurückgestellt werden, als dass die diskutierten Modelle schon rein empirisch nicht überzeugen können.

5. Schlussfolgerungen

Die hier durchgeführten Analysen haben folgendes gezeigt:

- Regionale Variationen in den Ausgaben sind echt, und kein statistisches Artefakt der bisherigen Stichprobenerhebungen.

- Zum überwiegenden Teil können diese Variationen durch die demographischen und morbiditätsorientierten Risikomerkmale des Risikostrukturausgleichs erklärt werden. Trotzdem verbleiben noch nicht unerhebliche Variationen auf Kreisebene.
- Es besteht die Gefahr, dass diese Variationen regional tätige Krankenkassen benachteiligen bzw. Ausgangspunkt von regionalen Risikoselektionsstrategien sein könnten.
- Landeszugehörigkeit und siedlungsstruktureller Kreistyp können etwa ein Drittel dieser verbliebenen Variationen erklären.
- Eine Einbindung dieser Variablen in den Risikostrukturausgleich führt aber allenfalls zu einer minimalen Verbesserung der Zielgenauigkeit des Risikostrukturausgleichs.

Um überzeugende Modelle zu entwickeln bedarf es daher eines größeren Verständnisses, welche Faktoren die regionalen Ausgabenunterschiede determinieren. Es ist daher zu begrüßen, dass im Koalitionsvertrag der Großen Koalitionsvertrag vorgesehen ist, das Regionalmerkmal wieder zu erheben. Die hier präsentierten Analysen haben nämlich auch gezeigt, dass der Aussagefähigkeit sektoraler Analysen enge Grenzen gesetzt sind, und dass für die Analyse regionaler Variationen tatsächlich ein sektorübergreifender Datensatz wie der des Risikostrukturausgleichs notwendig ist.

Literatur

Augurzky, B.; Klauber, J. (2012): Krankenhaus-Report 2012 Schwerpunkt: Regionalität, Stuttgart.

Augurzky, B.; Kopetsch, T.; Schmitz, H. (2013): What accounts for the regional differences in the utilisation of hospitals in Germany?, in: *European Journal of Health Economics*, Jg. 14., Nr. 4, S. 615–627.

Bauhoff, S. (2012): Do health plans risk-select? An audit study on Germany's Social Health Insurance, in: *Journal of Public Economic*, Jg. 96, Nr. 9-10, S. 750–759.

Bernstein, J.; Reschovsky, J.D.; White, C. (2011): Geographic Variation in Health Care: Changing Policy Directions, National Institute for Health Care Reform, Washington DC.

Bertelsmann Stiftung (2011): Faktencheck Gesundheit – Regionale Unterschiede in der Gesundheitsversorgung, Gütersloh.

CBO (2008): Geographic Variation in Health Care Spending, Congressional Budget Office, Washington.

Doyle, J. J. (2011): Returns to Local-Area Health Care Spending: Evidence from Health Shocks to Patients Far From Home, in: *American Economic Journal: Applied Economics*, Jg. 3, Nr. 3, S. 221–243.

Drösler, S.; Hasford, J.; Kurth, B.-M.; Schaefer, M.; Wasem, J. (2011): Evaluationsbericht zum Jahresausgleich 2009 im Risikostrukturausgleich, Bonn.

Fisher, E.S.; Wennberg, D.E.; Stukel, T.A.; Gottlieb, D.J.; Lucas, F.L.; Pinder, E.L. (2003a): The implications of regional variations in Medicare spending. Part 1: the content, quality, and accessibility of care, in: *Annals of Internal Medicine*, Jg. 138, Nr. 4, S. 273–287.

Fisher, E.S.; Wennberg, D.E.; Stukel, T.A.; Gottlieb, D.J.; Lucas, F.L.; Pinder, E.L. (2003b): The implications of regional variations in Medicare spending. Part 2: health outcomes and satisfaction with care, in: *Annals of Internal Medicine*, Jg. 138, Nr. 4, S. 288–298.

Gaßner, M.; Göpffarth, D.; Wittmann, R. (2011): Spielräume für eine Dezentralisierung im Rahmen des Systems Gesundheitsfonds, in: Wille, E. und Knabner, K. (Hrsg.): Dezentralisierung und Flexibilisierung im Gesundheitswesen, Frankfurt am Main etc., S. 53–81.

Göpffarth, D. (2011): Regionalmerkmale im Risikostrukturausgleich. Ein Beitrag zum funktionalen Wettbewerb und zu bedarfsgerechter Versorgung?, in: Repschläger, U. (Hrsg.): BARMER Gesundheitswesen aktuell 2011; Wuppertal, S. 16–40.

Greube, T:C.; Dörning, H.; Schwartz, F.W. (Hrsg.) (2011): Barmer GEK-Arztreport 2011. St. Augustin.

Jacobs, K. (2010): Solidarität geht über Ländergrenzen, in: *Gesundheit und Gesellschaft*, Jg. 13, Nr. 11, S. 14–15.

Medpac (2003): Variation and Innovation in Medicare, Report to the Congress, Medicare Payment Advisory Commission, Washington DC.

National Health Service (2010): The NHS Atlas of Variation in Healthcare: Reducing unwarranted variation to increase value and improve quality, London.

Newhouse, J.P.; Garber, A.M.; Graham, R.P.; McCoy, M.A.; Mancher, M.; Kibria, A. (2013): Variation in health care spending – Target decision making, not geography, Washington DC.

Reschovsky, J.D.; Hadley, J.; Saiontz-Martinez, C.B.; Boukus, E.R. (2011): Following the money: factors associated with the cost of treating high-cost Medicare beneficiaries, in: *Health Service Research*, Jg. 46, Nr. 4, S. 997–1021.

Sheiner, L. (2013): Why the Geographic Variation in Health Care Spending Can't Tell Us Much about the Efficiency or Quality of our Health Care System, Federal Reserve Board, Washington DC.

Song, Y.; Skinner, J.; Bynum, J.; Sutherland, J.; Wennberg, J.E.; Fisher, E.S. (2010): Regional variations in diagnostic practices, in: *New England Journal of Medicine*, Jg. 363, Nr. 1, S. 45–53.

Sutherland, J.M.; Fisher, E.S.; Skinner, J.S. (2009): Getting past denial–the high cost of health care in the United States, in: *New England Journal of Medicine*, Jg. 361, Nr. 13, S. 1227–1230.

Wennberg, J.; Gittelsohn, A. (1973): Small area variations in health care delivery, in: *Science*, Jg. 182, Nr. 4117, S. 1102–1108.

Zuckerman, S.; Waidmann, T.; Berenson, R.; Hadley, J. (2010): Clarifying sources of geographic differences in Medicare spending, in: *New England Journal of Medicine*, Jg. 363, Nr. 1, S. 54–62.

Dominik von Stillfried und Thomas Czihal

Die Finanzierung der vertragsärztlichen Versorgung in regionaler Hinsicht

Die gesetzliche Krankenversicherung basiert auf dem Leitbild der Gleichwertigkeit der Lebensverhältnisse. Diesem Leitbild entsprechend gelten zur Finanzierung der Krankenkassen weitestgehend bundeseinheitliche Kriterien. Nach Maßgabe des SGB V hat jeder Versicherte entsprechend seines individuellen Bedarfs unabhängig von seinem Wohnort grundsätzlich den gleichen Leistungsanspruch. Die vertragsärztliche Versorgung basiert daher auch auf einem bundeseinheitlichen Leistungskatalog, der durch den Einheitlichen Bewertungsmaßstab (EBM) konkretisiert wird und durch regionale Vereinbarungen ergänzt werden kann.

Der EBM gilt zur Vergütung vertragsärztlicher Leistungen bundesweit. Er bestimmt die abrechnungsfähigen Leistungen und deren wertmäßiges Verhältnis untereinander. Gleichwohl wird die gleiche vertragsärztliche Leistung bundesweit nicht einheitlich vergütet. Im Vergleich werden zwischen den 17 Kassenärztlichen Vereinigungen (KV-Regionen) erhebliche regionale Unterschiede deutlich. Weder leisten die Krankenkassen die gleiche Gesamtvergütung je Versicherten noch gleichen sich Honorarverteilungsmaßstäbe der KVen. Im Ergebnis erhalten die Praxen einer Fachgruppe im Regionsvergleich für die gleiche Leistung teils sehr unterschiedliche Vergütungen.

Ob eine einheitliche Vergütung der gleichen Leistung unter Berücksichtigung der regionalen Gegebenheiten letztlich wünschenswert wäre, bleibt Gegenstand der gesundheitspolitischen Diskussion. Ob diese zu einem konsensfähigen Ergebnis führt, hängt maßgeblich von der Antwort auf die Frage ab, wie regionale Gegebenheiten künftig angemessen berücksichtigt werden. Zu den regionalen Gegebenheiten zählen insbesondere 1) die Risikostruktur der in der Region zu versorgenden Versicherten, 2) die Versorgungsstruktur in der Region und die damit regional verbundene Versorgungsintensität in der vertragsärztlichen Versorgung und 3) das Kostenniveau sowie die Kostenstruktur der Region.

1. Grundsätze

Dieser Beitrag untersucht, welche regionalen Faktoren für und gegen regionale Unterschiede in der Vergütung sprechen und geht dabei von folgenden Grundsätzen aus:

1. Die Gestaltung der Vergütung steuert wesentlich Menge und Qualität der Versorgung.
2. Die Reform der vertragsärztlichen Vergütung mit dem GKV-WSG beendet die Ära grundlohnsummenbezogener Budgets mit floatenden Punktwerten. Sie zielt auf nachvollziehbare Kriterien und Transparenz in der Gestaltung der Vergütung, insbesondere
   a) „Kalkulationssicherheit" für Vertragsärzte (kostendeckende Preiskomponente).
   b) „Krankenkassen tragen Morbiditätsrisiko" = bedarfsgerechte Leistungsmenge für definierte Versichertenpopulationen (notwendige Mengenkomponente).
3. Beide Komponenten der Angemessenheit müssen unabhängig voneinander begründet und weiterentwickelt werden.
4. Regionale Entscheidungskompetenz hat instrumentelle Bedeutung für die Definition der Angemessenheit (Kompetenzzuweisung durch GKV-VStG).

2. Grundzüge der vertragsärztlichen Vergütung

Die heute gültigen Prinzipien der vertragsärztlichen Vergütung wurden zunächst mit dem GKV-Modernisierungsgesetz (GMG) im Jahr 2003 als Zielvorgabe formuliert und mit dem GKV-Wettbewerbsstärkungsgesetz (GKV-WSG) 2007 konkretisiert. Im Einzelnen wird die Systematik der Vergütung durch die §§ 87 und 87a SGB V näher geregelt. Hierdurch sollten die als nicht mehr adäquat angesehenen früheren Honorarbudgets abgelöst werden. Diese waren weitestgehend unabhängig vom Versorgungsbedarf der Versicherten nach Maßgabe der beitragspflichtigen Einnahmen weiterzuentwickeln. Überproportional steigende Leistungsmengen mussten durch einen Verfall des Punktwerts und damit dem Wert der einzelnen ärztlichen Leistungen kompensiert werden.

In der heutigen Systematik gemäß §§ 87 und 87a SGB V wird jeweils eine Preiskomponente (Punktwert) und eine Mengenkomponente (Behandlungsbedarf als Punktzahlmenge) definiert, die getrennt voneinander nach jeweils eigenen sachbezogenen Kriterien weiter zu entwickeln sind.[1] Damit soll

---

[1] Dies wird nicht nur durch die Struktur des § 87a SGBV und der Aufgabenzuweisung gemäß Abs. 2 und Abs. 3 deutlich. Auch in der Begründung zu § 87 Abs. 2g SGB V i.d.F des GKV-WSG (Kriterien zur Weiterentwicklung der Orientierungswerte) wird explizit ausgeführt: *„Die Berücksichtigung von mit Fallzahlsteigerungen verbundenen*

ausweislich der Gesetzesbegründung sichergestellt werden, dass Vertragsärzte Kalkulationssicherheit erhalten und die Krankenkassen das Morbiditätsrisiko, d.h. alle Kosten für die medizinisch notwendige Versorgung ihrer Versicherten, tragen.[2]

- **Preiskomponente**: Die Kriterien, nach denen der Orientierungswert weiter zu entwickeln ist, werden in § 87 Abs. 2g SGB V genannt. Sie beziehen sich auf die Kosten der Leistungserstellung (Leistungsbezug der Vergütung). Auf Grundlage dieses Orientierungswertes vereinbaren die Gesamtvertragspartner (KV und Landesverbände der Krankenkassen) gemäß § 87a Abs. 2 SGB V auf regionaler Ebene einen regionalen Punktwert und berücksichtigen dabei insbesondere Besonderheiten der regionalen Kosten- und Versorgungsstruktur.
- **Mengenkomponente**: Für die Bemessung und Weiterentwicklung der Mengenkomponente gelten hingegen Kriterien, die sich auf die Risikostruktur der Versicherten und die Versorgungsintensität beziehen (Versichertenbezug der Vergütung). Gemäß § 87a Abs. 3 SGB V haben die Gesamtvertragspartner den mit der Zahl und der Morbiditätsstruktur der Versicherten verbundenen Behandlungsbedarfs als Punktzahlmenge auf Basis des EBM zu vereinbaren. Diese gilt als notwendige medizinische Versorgung und ist insoweit zwingend mit dem vereinbarten Punktwert zu vergüten. Darüber hinausgehende Leistungsmengen gelten formal als medizinisch nicht notwendig und werden von den Krankenkassen nicht vergütet (Risikoteilung zwischen Vertragsärzten und GKV).

Vereinfacht gesagt lässt sich die mit GKV-WSG beschriebene Logik zur Festlegung der Gesamtvergütung mit der Formel „Kostendeckender Preis mal notwendige Menge" zusammenfassen (Abbildung 1).

Kostendegressionseffekten […] ist dabei nicht so zu verstehen, dass die Orientierungswerte bei einer Fallzahlsteigerung so weit abzusenken sind, dass die (rechnerische) Honorarsumme insgesamt konstant bleibt. Ein solches automatisches „Floaten" der Punktwerte würde dem mit der Vergütungsreform verfolgten Ziel, das Morbiditätsrisiko auf die Krankenkassen zu verlagern, entgegenstehen: Für morbiditätsbedingte Mehrleistungen haben die Krankenkassen mehr Geld zur Verfügung zu stellen."
2 Vgl. Begründung zu § 87a SGB V i.d.F. des GKV-WSG.

Abbildung 1: Systematik der ärztlichen Vergütung gemäß §§ 87 und 87a SGB V

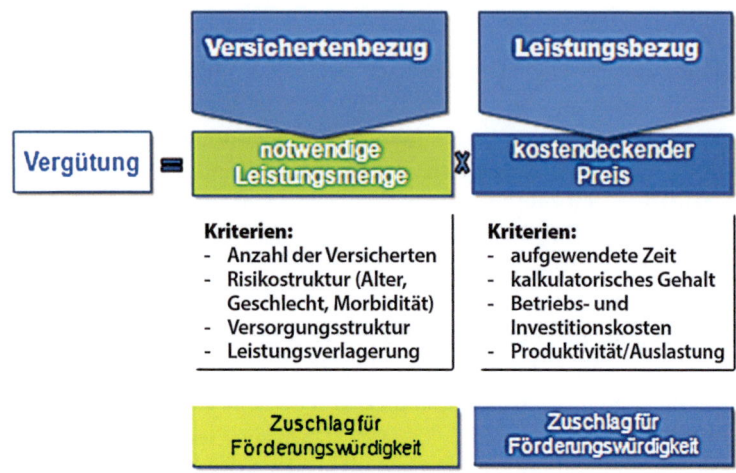

Quelle: Eigene Darstellung

3. Verantwortung der Vertragspartner auf regionaler Ebene

Die weitere Entwicklung wurde durch das GKV-Finanzierungsgesetz unterbrochen, welches unter dem Eindruck der Finanzkrise des Jahres 2009 für 2011 und 2012 zeitlich beschränkt Regelungen der Ausgabenbegrenzung für die vertragsärztliche Versorgung einführte, durch die die sachbezogenen Kriterien vorübergehend ausgesetzt wurden.

Durch das GKV-Versorgungsstrukturgesetz (GKV-VStG) wurden die Kriterien zur Weiterentwicklung der Vergütung mit Wirkung für 2013 wieder in Kraft gesetzt. Hierbei sollte der Gestaltungsspielraum der Gesamtvertragspartner gestärkt werden. Zur Vereinbarung eines regional angemessenen Preises und eines regional angemessenen Behandlungsbedarfs können und sollen die Gesamtvertragspartner regionale Besonderheiten berücksichtigen.

Der Regionalbezug ergänzt die preis- und mengenmodifizierenden Kriterien somit als weitere Dimension mit instrumenteller Bedeutung. Um diese instrumentelle Bedeutung des Regionalbezugs zu verstehen, empfiehlt sich ein Blick auf die Entstehungsgeschichte. Beim Übergang von den Honorarbudgets auf die neue sachbezogene Vergütungssystematik im Jahr 2009 wurde die neue Systematik nicht auf Anhieb umgesetzt. Vielmehr galten gesetzliche Übergangsregelungen (§ 87c SGB V) zur erstmaligen Ermittlung der Preis- und der Mengenkomponenten der sogenannten morbiditätsbedingten Gesamtvergütung auf Grundlage historischer Ausgangswerte in den 17 KV-Regionen.

Durch diese Übergangsregelungen wurde letztlich verhindert, dass die Leistungsmenge je KV-Region nach Maßgabe der Kriterien des Versichertenbezugs umfänglich neu bewertet wurde, während der Punktwert nach Maßgabe des Orientierungswerts vereinheitlicht wurde. Konsequent wäre nunmehr die Neuberechnung und Vereinbarung des Behandlungsbedarfs nach Maßgabe der Risikostrukturmerkmale der jeweils in der KV-Region versicherten Bevölkerung gewesen. Dies hätte jedoch in einigen KVen zu einer deutlichen Kürzung der Gesamtvergütung führen müssen, die weder sachgerecht noch zumutbar gewesen wäre.

Im Zuge der verbesserten Datenverfügbarkeit wurden die regionalen Unterschiede im Jahr 2010 systematisch untersucht und festgestellt, dass neben Alter, Geschlecht und Morbidität weitere, regional verteilte Variablen von Bedeutung sind. Hierzu gehören Merkmale der Sozialstruktur, aber auch regionale Besonderheiten der Versorgungsstrukturen, wie z.B. ein besonders hoher Anteil vertragsärztlicher Versorgung bei gleichzeitig vermindertem stationärem Versorgungsanteil. Im Ergebnis reifte die Erkenntnis, dass es regional durchaus begründete Abweichungen vom morbiditätsadjustierten Mittelwert des Behandlungsbedarfs gibt, die bei der Bemessung und Weiterentwicklung der notwendigen Leistungsmenge zu berücksichtigen sind. Auch bei der Preiskomponente bestehen erkennbare regionale Unterschiede im Preis- und Lohnniveau und somit in den Betriebskosten von Praxen bzw. in einem eventuellen Förderungsbedarf zum Erhalt gewünschter Versorgungsstrukturen z.B. in ländlichen Regionen.

Diese Befunde und die faktische Unmöglichkeit, einen Ausgleich aller widerstreitenden regionalen Interessen im Wege konsensualer Entscheidungsprozesse in den Gremien der ärztlichen und der gemeinsamen Selbstverwaltung auf Bundesebene zu erreichen, führten im weiteren Verlauf zur Entscheidung des Gesetzgebers, mit dem GKV-Versorgungsstrukturgesetz die Bewertung regionaler Besonderheiten und deren angemessene Berücksichtigung in die Verantwortung der Gesamtvertragspartner zu legen (Abbildung 2). Diese sollten in Kenntnis der regionalen Gegebenheiten die Angemessenheit der möglichen preis- und mengenmodifizierenden Faktoren bewerten; die Vereinbarungen zwischen der Kassenärztlichen Bundesvereinigung und dem GKV-Spitzenverband im Bewertungsausschuss zum Orientierungswert sowie zu Veränderungsraten des

Behandlungsbedarfs aufgrund der Morbiditätsentwicklung bzw. der demografischen Veränderung je Region gelten hierfür nur noch als unverbindliche Empfehlung.³

Abbildung 2: Regionale Dimension

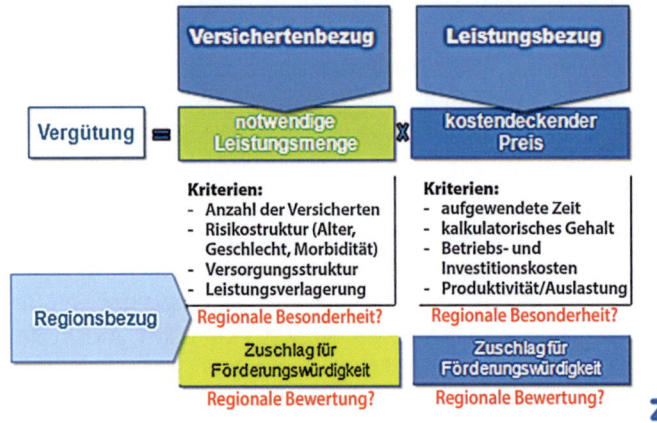

Quelle: Eigene Darstellung

Nach der Intention des GKV-VStG besitzen die Gesamtvertragspartner nunmehr den erforderlichen Handlungsspielraum, um z.B.

- gemäß Absatz 2 Satz 3 Punktwertzuschläge insbesondere für besonders förderungswürdige Leistungen sowie für Leistungen besonders förderungswürdiger Leistungserbringer zu vereinbaren, die der Verbesserung der Versorgung im Allgemeinen und der Förderung (drohend) unterversorgter Regionen insbesondere dienen sollten. Der Bewertungsausschuss hat hierfür

---

3 Vgl. hierzu Gesetzesbegründung zu Änderungen des § 87a SGB V mit dem GKV -VStG: „Durch die Änderung wird die Kompetenz des Bewertungsausschusses zu Gunsten der regionalen Abweichungsspielräume bei den Vergütungsvereinbarungen zwischen der jeweiligen Kassenärztlichen Vereinigung und den Landesverbänden der Krankenkassen und der Ersatzkassen abgeschwächt. Künftig wird es hierzu im Wesentlichen nur noch Empfehlungen des Bewertungsausschusses geben (vgl. Änderung des § 87a Absatz 5). Diese Empfehlungen sind für die Vereinbarungen auf der Ebene der regionalen Selbstverwaltung nicht verbindlich."

keine Vorgaben mehr zu definieren (Streichung des § 87 Abs. 2f SGB V). Vor diesem Hintergrund kommt der Voranstellung des Wortes „insbesondere" größere Bedeutung zu. Weitere Gründe für ein Abweichen vom Orientierungswert sind möglich.[4]

- Absatz 4 wurde neu gefasst. Die Vereinbarung der Veränderung des Behandlungsbedarfs erfolgt nunmehr „auf der Grundlage" und nicht etwa nach Maßgabe der vom Bewertungsausschuss ermittelten Veränderungsrate der Krankheits- bzw. der demografischen Struktur der Bevölkerung; zudem können gemäß Satz 4 bei Bedarf weitere - im Gesetz nicht mehr näher spezifizierte - Morbiditätskriterien herangezogen werden. Der Bewertungsausschuss ist nicht ermächtigt, den Spielraum der Gesamtvertragspartner durch Kriterien zu begrenzen.
- Als „Empfehlung" des Bewertungsausschusses gelten auch die vom Bewertungsausschuss gemäß Absatz 5 ermittelten Veränderungsraten, die somit den Spielraum einer möglichen Anpassung des Behandlungsbedarfs nicht abschließend beschreiben.

Dem Grunde nach kann somit der Behandlungsbedarf wie auch der Punktwert frei - nach Maßgabe der vom Gesetzgeber vorgegeben Zielsetzung der Angemessenheit - nach den regionalen Gegebenheiten vereinbart werden. Zudem wurden die Übergangsregeln in § 87c SGB V gestrichen, welche die Überleitung der Honorarbudgets in die morbiditätsbedingte Gesamtvergütung im Jahr 2009 regelten. Damit entfiel insbesondere die Referenz auf frühere honorarbegrenzende Regeln, die aus der Zeit der Honorarbudgets datieren und denen in der Systematik nach 2009 keine funktionelle Bedeutung mehr zukommen konnte. Hierin offenbart sich ein weiteres Mal, dass die Gesamtvertragspartner die Umsetzung des gesetzlichen Auftrags zu Definition der notwendigen medizinischen Versorgung inhaltlich und mit Blick auf die Versorgung der Versicherten verstehen sollten.

4. Aktuelle Probleme bei der Umsetzung des gesetzlichen Auftrags

De facto erwies sich die Umsetzung dieser Philosophie im Jahr 2013 als außerordentlich schwierig. Konträr zur Intention des Gesetzgebers verständigten sich die Krankenkassen darauf, die Empfehlungen des Bewertungsausschusses als

---

4 Fraglich ist, ob die Weiterentwicklung des Punktwerts sich daher nicht auch auf eine regionale Bewertung der Kriterien nach § 87 Abs. 2g SGB V bzw. weitere Kriterien stützen kann, vgl. z.B. Stillfried D, Czihal T.: Vergütung in der ambulanten Versorgung: Ärztliche Arbeitszeit beim Orientierungswert berücksichtigen In: Dtsch Arztebl 2014; 111(4).

Vorgabe, günstigstenfalls jedoch als Obergrenze, anzusehen. Die Vereinbarungen der Gesamtvertragspartner zur Gesamtvergütung 2013 gerieten zum Härtetest für die Tragfähigkeit der gesetzlichen Regelungen und der darin enthaltenen Kriterien. Letztlich musste der gesetzliche Auftrag in neun Regionen durch das jeweils zuständige Schiedsamt ausgelegt werden.

4.1 Notwendigkeit und Möglichkeiten der Berücksichtigung der Risikostruktur der Bevölkerung

Im Kern ist auch nach der Vergütungsrunde 2013 weiterhin strittig, in welchem Umfang die Risikostruktur der Versicherten bei der Festlegung des notwendigen Behandlungsbedarfs, also der Mengenkomponente, zu berücksichtigen ist. Im Dezember 2012 entschied das Landesschiedsamt für die vertragsärztliche Versorgung in Sachsen-Anhalt, dass die besondere Risikostruktur der Versicherten bisher nicht ausreichend berücksichtigt worden sei und der notwendige Behandlungsbedarf hierfür insgesamt um 12 Prozent (jeweils 4 Prozent über drei Jahre) anzuheben sei. Der Schiedsspruch wurde in diesem Punkt aufgrund einer Klage der Landesverbände der Krankenkassen vom Landessozialgericht Sachsen-Anhalt mit Urteil vom 13.11.2013 aufgehoben.[5] Das Gericht vertrat die Ansicht, der Gesetzgeber habe den Vertragspartnern nicht die Kompetenz gegeben, abweichend von Vorjahresvereinbarungen grundsätzlich neu über das Niveau des Behandlungsbedarfs für das Folgejahr zu entscheiden. Gegen diese Entscheidung hat die KV Revision vor dem Bundessozialgericht beantragt.

Nimmt man sich den Text des SGB V in der Fassung des GKV-VStG vor, fällt es schwer, das Urteil des LSG Sachsen-Anhalt nachzuvollziehen. Paragraph 87a Abs. 3 Satz 2 SGB V gibt den Gesamtvertragspartnern einen klaren Auftrag. Diese haben „den mit der Zahl und der Morbiditätsstruktur der Versicherten verbundenen Behandlungsbedarf" als Punktzahlmenge zu vereinbaren; diese „gilt als notwendige medizinische Versorgung" und ist somit mit dem vereinbarten Punktwert zu vergüten. Der vereinbarte Behandlungsbedarf operationalisiert damit die Vorgabe des Gesetzgebers, dass die Krankenkassen das Morbiditätsrisiko ihrer Versicherten, d.h. alle finanziellen Lasten aus der Erbringung medizinisch notwendiger Leistungen, tragen. Über den vereinbarten Behandlungsbedarf hinausgehende Leistungen können diesen Vergütungsanspruch nicht geltend machen. Gemäß § 12 Abs. 1 SGB V können die Versicherten Leistungen, die nicht notwendig sind, auch nicht beanspruchen. Deshalb enthält der Verweis auf die Vereinbarung des Behandlungsbedarfs als „notwendige medizinische Versorgung" eine

---

5 LSG Sachsen-Anhalt Aktenzeichen L 9 KA 4/13 KL

Aufforderung, diese Leistungsmenge mit großer Ernsthaftigkeit zu bestimmen. Es stellt sich mithin die Frage, wie angesichts einer fehlenden systematischen Bewertung des Behandlungsbedarfs die Erbringung von Leistungen zu bewerten ist, die von den Krankenkassen zwar nicht vergütet, von den Vertragsärzten aber erbracht und über deren individuelle Regelleistungsvolumen hinaus abgerechnet werden. Dies wurde von der KV Sachsen-Anhalt mit Blick auf die Tatsache hervorgehoben, dass aufgrund historischer Gegebenheiten - konkret: weit unterdurchschnittlicher Kopfpauschalen - die Leistungsmenge in Sachsen-Anhalt aus letztlich nicht mehr sachbezogenen Kriterien zu gering bemessen sei. Trotz der im Vergleich zu anderen Bundesländern geringen vertragsärztlichen Versorgungsdichte werden nach wie vor 10 Prozent der von Vertragsärzten aus dem fachärztlichen Bereich für Versicherte in Sachsen-Anhalt erbrachten Leistungen nicht als notwendiger Leistungsbedarf anerkannt. Somit wird der vertragsärztlichen Versorgung in Sachsen-Anhalt auch keine Gelegenheit gegeben, ein anderen KV-Regionen Deutschlands vergleichbares Leistungsniveau je Versicherten zu entwickeln.

Im LSG-Verfahren in Sachsen-Anhalt wie auch in Schiedsverhandlungen in anderen KV-Regionen wurde seitens der Krankenkassen wiederholt auf die „methodische Unmöglichkeit" verwiesen, eine solche Konkretisierung unter Verwendung von Morbiditätsmerkmalen vorzunehmen. Hierfür gebe es keine anerkannte Methode, insbesondere sei das vom Bewertungsausschuss beschlossene und von der KV verwendete Klassifikationsmodell zur Ermittlung der Veränderungsrate der Morbiditätsstruktur nicht geeignet, auch das Niveau des morbiditätsbedingt erwarteten Behandlungsbedarfs zu bestimmen. Mit Blick auf das Ergebnis der Bestimmung des morbiditätsbedingt erwarteten Behandlungsbedarfs in Sachsen-Anhalt wurde zudem kritisiert, dass die Verwendung der bundeseinheitlichen Kostengewichte (Punktzahlgewicht für ein bestimmtes Risikomerkmal, etwa einer Alters- und Geschlechtsgruppe oder eines diagnosebezogenen Zuschlags) für Sachsen-Anhalt zu viel Behandlungsbedarf beinhalte, da darin eine höhere Versorgungsintensität reflektiert werde, als in Sachsen-Anhalt gegeben sei.

Hierauf legte die KV ein Gutachten der Professoren Drösler, Neukirch, Ulrich und Wille zu dieser Frage vor.[6] Dieses kommt kurz gefasst zu folgenden Ergebnissen:

1. Morbidität ist eine latente Größe. Ihre Erfassung benötigt daher ein konsentiertes Instrumentarium. Hierfür liegen international ausreichende Erfahrungen vor. In Deutschland erfolgt eine Quantifizierung der Morbidität im

---

6 Drösler S, Neukirch B, Ulrich V, Wille E: Möglichkeiten und Notwendigkeit der Morbiditätsmessung im Rahmen der vertragsärztlichen Vergütung unter besonderer Berücksichtigung des Klassifikationsmodells des Bewertungsausschusses, September 2013.

Niveau mittels eines Versichertenklassifikationsmodells im Übrigen durch den Risikostrukturausgleich zwischen den Krankenkassen.
2. Ein Verfahren zur Messung der Veränderung ist zwingend auch zur Bestimmung des Niveaus geeignet, da zwei jahresbezogene Niveaus miteinander ins Verhältnis gesetzt werden.
3. Einheitliche Kostengewichte sind Ausdruck des regionsübergreifenden einheitlichen Leistungsanspruchs in der GKV und des zugrunde liegenden Leitbilds der Gleichwertigkeit der Lebensverhältnisse.

Die Gutachter sehen den vereinbarten Behandlungsbedarf in Sachsen-Anhalt als korrekturbedürftig an. Gemäß den Intentionen des Gesetzgebers fordern sie eine Anpassung, die über die bloße Berücksichtigung der Morbiditätsveränderung hinausgeht, um die Risikostruktur der Bevölkerung abzubilden. Wie die dem Gutachten entnommene Abbildung 3 belegt, kann im Ausgangsjahr für die Verhandlungsrunde 2013 keine Rede davon sein, dass die Gesamtvergütungen (bei einheitlichem Punktwert) die Risikostruktur der Bevölkerung reflektieren. Es besteht kein Zusammenhang zwischen der vereinbarten Morbiditätsbedingten Gesamtvergütung (MGV) und dem demografisch bedingten Behandlungsbedarf.

Abbildung 3: Fehlender Zusammenhang zwischen MGV und demografisch bedingt erwartetem Behandlungsbedarf 2012

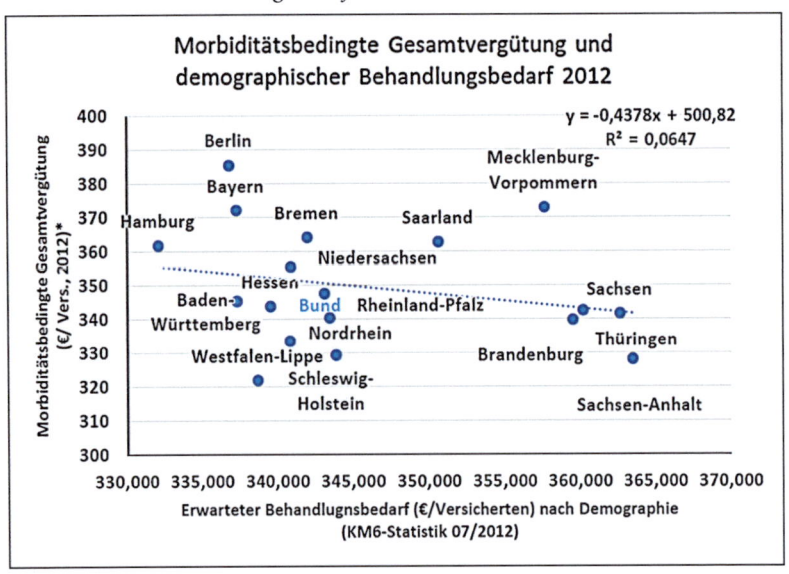

Quelle: Abbildung 9 in Drösler et al 2013 S. 25

Die leicht negativ geneigte Korrelationsgerade verdeutlicht vielmehr den grundsätzlich anzunehmenden Anpassungsbedarf (positive Neigung entspräche der Intention des Gesetzgebers). Es fällt auf, dass infolge der Übergangsregeln des nunmehr aufgehobenen § 87c SGB V die von den Patienten in Anspruch genommene Leistungsmenge in allen KV-Regionen deutlich über der vereinbarten Menge liegt (Tabelle 1).

Tabelle 1: Auszahlungsquoten nach KV-Regionen

Abrechnungsgruppe	Summe alle Ärzte/Psychotherapeuten
Kennzahl	Auszahlungsquote in Prozent
Quartal	20123
Schleswig-Holstein	92,94 %
Hamburg	85,56 %
Bremen	95,24 %
Niedersachsen	93,76 %
Westfalen-Lippe	90,72 %
Nordrhein	89,25 %
Hessen	92,27 %
Rheinland-Pfalz	95,36 %
Baden-Württemberg	94,39 %
Bayern	94,09 %
Berlin	91,33 %
Saarland	92,70 %
Mecklenburg-Vorpommern	94,45 %
Brandenburg	94,73 %
Sachsen-Anhalt	95,12 %
Thüringen	92,47 %
Sachsen	93,12 %
Summe alte Bundesländer	92,42 %
Summe neue Bundesländer	93,82 %
Summe alle Bundesländer	92,64 %

Quelle: KBV-Honorarbericht für das 3. Quartal 2012

Die tatsächliche Inanspruchnahme gibt einen deutlichen Hinweis, sie muss jedoch bewertet werden. Als Methode der Bewertung eignen sich - so auch die Gutachter Drösler et al. - Versichertenklassifikationsverfahren, die jedem Versicherten aufgrund seiner individuellen Risikomerkmale eine erwartete Leistungsmenge zuordnen, die der durchschnittlichen Versorgung aller derjenigen entspricht, die vergleichbare Risikomerkmale aufweisen. Sofern also die Versorgung im Beobachtungsjahr der Datengrundlage als angemessen galt (was sie de jure stets war), können daraus die für größere Versichertenkollektive insgesamt zutreffende Erwartungswerte einer künftigen Inanspruchnahme abgeleitet werden. Die Qualität des Versichertenklassifikationsverfahrens wird dabei durch die statistischen Parameter der Schätzgenauigkeit bestimmt. Mit anderen Worten: je besser die unterschiedliche Leistungsinanspruchnahme der einzelnen Versicherten durch das Klassifikationsverfahren erklärt werden kann, desto plausibler ist es, dass diese Unterschiede durch die Art der Risikomerkmale bestimmt sind, die in das Modell einbezogen worden sind.

Somit ergeben sich aus der tatsächlichen Inanspruchnahme früherer Jahre in allen KV-Regionen die Kostengewichte, mit der die Bevölkerung einer Region gemäß der aktuellsten Erhebung ihrer Risikostrukturmerkmale gewichtet wird, um den Erwartungswert für diese Region zu erhalten. Letztlich wird mit dem Verfahren nichts anderes gesagt, als dass jede Region nach Berücksichtigung ihrer Risikostruktur die gleiche Leistungsmenge je Versicherten zugestanden werden soll. Für eine prospektive Anwendung honorarbegrenzender Abstaffelungsquoten – die nur der Honorarbegrenzung als Selbstzweck unabhängig vom Bedarf der Versicherten dienen – besteht in diesem System keine nachvollziehbare Begründung mehr.[7]

4.2 Zusätzliche Berücksichtigung der Versorgungsstruktur unverzichtbar

Wäre die Vereinbarung der Leistungsmenge 2013 auf dem Niveau des morbiditätsbedingt erwarteten Behandlungsbedarfs erfolgt, hätten folglich alle KV-Regionen eine größere Leistungsmenge als bisher erhalten. Sachsen-Anhalt wäre jedoch mehr Leistungsmenge zugesprochen worden, als bisher tatsächlich erbracht wurde. Anderen KV-Regionen, z.B. Hamburg, wäre hingegen weniger zugesprochen worden, als bisher dort erbracht wurde.

---

7 Vgl. Antwort der Bundesregierung auf eine Kleine Anfrage der Fraktion Die Grünen, BT-Drucksache 17/7735.

Die Finanzierung der vertragsärztlichen Versorgung in regionaler Hinsicht   45

Betrachtet man das geografische Muster, nach dem die tatsächliche von der erwarteten Leistungsmenge abweicht, drängt sich die Schlussfolgerung auf, dass hier systematisch regional verteilte Einflussfaktoren wirken, deren Bedeutung ebenfalls bewertet werden muss (Abbildung 4).

Abbildung 4: Über- und Unterschätzung des Behandlungsbedarfs je Versicherten nach Kreisregionen

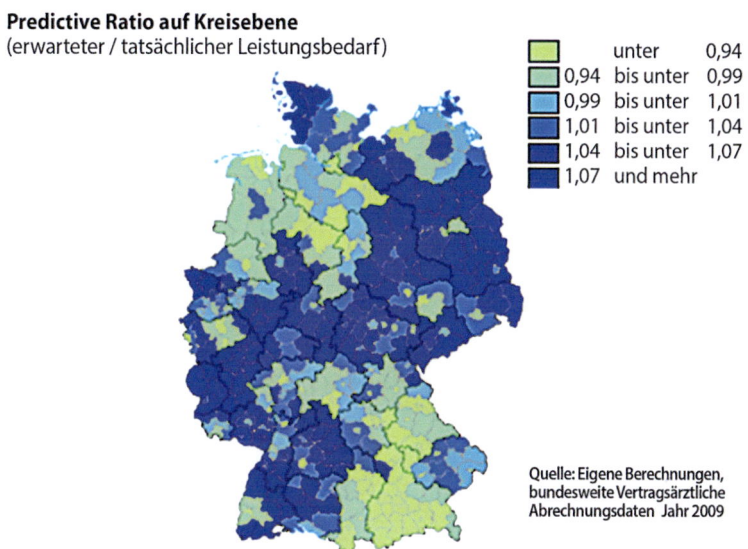

Quelle: Eigene Darstellung

Diese regionalen Unterschiede lassen sich letztlich auf Faktoren zurückführen, die in der Vergangenheit die Inanspruchnahme der Versicherten modifiziert haben. Hierzu gehören insbesondere soziodemografische Merkmale wie z.B. Einkommen, Arbeitslosigkeit, Pflegebedürftigkeit, Alleinlebende sowie Merkmale der Angebotsstruktur des medizinischen Versorgungssystems.[8] Dies erfordert eine systematische Betrachtung der Gründe, warum es zu Abweichungen zwischen dem (bisher) vereinbarten, dem tatsächlich realisierten

---

8   Vgl. Stillfried D, Czihal T. Finanzierung der Versorgung noch nicht bedarfsgerecht. Die Krankenversicherung 02/2011: 44-48.

und dem zu vereinbarenden Behandlungsbedarf zu Abweichungen kommt (Abbildung 5).

Abbildung 5: Erklärungsbedürftig: Größe des Einflusses auf den realisierten Behandlungsbedarf

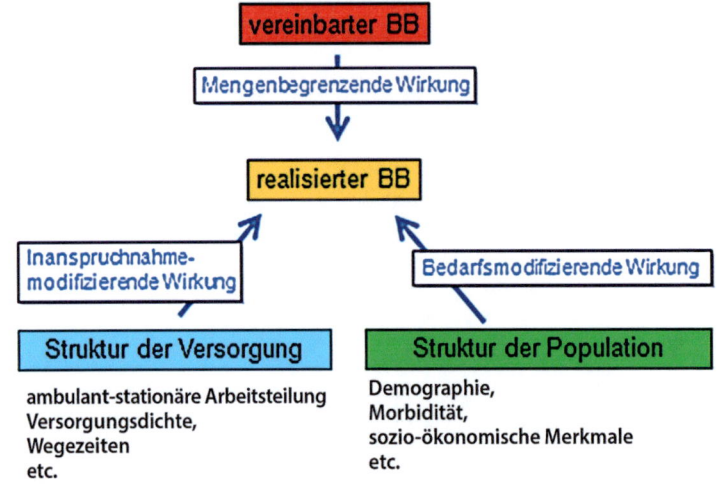

Quelle: Eigene Darstellung

Mit Blick auf die Versorgungsstrukturen ist zunächst festzuhalten, dass diese entgegen dem ersten Eindruck in Deutschland erhebliche regionale Unterschiede aufweisen. Dies gilt z.B. für die unterschiedlichen Einwohner-Arzt-Relationen in der haus- und der fachärztlichen Versorgung, die nur partiell durch Mobilität der Versicherten ausgeglichen werden.[9] Im Verhältnis zu regionalen Unterschieden der vertragsärztlichen Versorgungsintensität weist die Intensität der stationären Versorgung jedoch größere regionale Unterschiede auf (Abbildung 6).

---

9 Czihal T. et al. (2012): Mitversorgungsbeziehungen in der ambulanten Versorgung; www.versorgungsatlas.de

Abbildung 6: Vergleich der Versorgungsintensität auf Kreisebene nach Sektoren

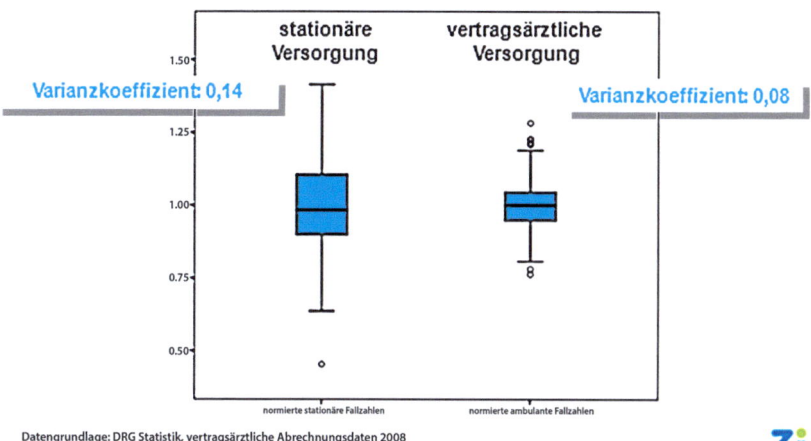

Quelle: Eigene Darstellung

Grundsätzlich gilt: Je stärker die Risikostrukturmerkmale einer Bevölkerung ausgeprägt sind, desto größer ist auch deren vertragsärztliche und stationäre Inanspruchnahme.[10] Bei gegebener Risikostruktur der Bevölkerung können Art und Umfang der vertragsärztlichen Versorgung jedoch nicht losgelöst von der regional vorhandenen Ausprägung der jeweiligen ambulanten bzw. stationären Versorgungsstrukturen und der daraus resultierenden Arbeitsteilung betrachtet werden.[11]

Der Sachverständigenrat geht in seinem Sondergutachten 2012 davon aus, dass der medizinisch-technische Fortschritt stetig neue Möglichkeiten schafft, ehemals

---

10 Vgl. Erhart M et al (2013) Morbiditätsatlas Hamburg. Gutachten im Auftrag der Behörde für Gesundheit und Soziales. S. 124. http://www.hamburg.de/contentblob/4133362/data /morbiditaetsatlas.pdf; Stillfried D, Erhart M (2014) KV H Journal (1) 13-15.
11 Z. B. Burgdorf F, Sundmacher L (2014): Potenziell vermeidbare Krankenhausfälle in Deutschland. In: Deutsches Ärzteblatt 111(13) oder Göpffarth D (2013): Was wissen wir über die regionale Variation der Gesundheitsausgaben? In: Gesundheits- und Sozialpolitik 6/ 2013.

stationär erbrachte Leistungen in die ambulante Versorgung zu verlagern. Ein wachsender Anteil bislang stationär behandlungsbedürftiger Patienten benötige diese Form der Versorgung teilweise nur noch wenige Tage oder zukünftig gar nicht mehr. Der Rat sieht in diesem Prozess eine Möglichkeit, die Effizienz der medizinischen Versorgung in einer alternden Gesellschaft zu verbessern und plädiert daher dafür, das ambulante Potenzial in Deutschland gezielter zu erweitern.[12]

Die bereits bestehenden regionalen Unterschiede in der Versorgung und in den Versorgungsstrukturen könnten in diesem Zusammenhang herangezogen werden, um Unterschiede im bereits realisierten Ausschöpfungsgrad des ambulanten Potenzials darzulegen und somit Beispiele für realisierbare Zieldefinitionen zu erhalten, denen in anderen Regionen nachgestrebt werden könnte.

Das Zentralinstitut hat hierzu kürzlich einen Vorgehensvorschlag in die Diskussion gebracht.[13] Als Kreise mit dem höchsten ambulanten Ausschöpfungsgrad werden diejenigen bezeichnet, die nach Adjustierung um Alter, Geschlecht, Morbidität und Sozialstruktur bei mindestens durchschnittlicher vertragsärztlicher Leistungsinanspruchnahme je Versicherten eine unterdurchschnittliche stationäre Leistungsinanspruchnahme aufweisen.

Tabelle 2 zeigt die 5 % der Landkreise und kreisfreien Städte mit dem höchsten bzw. niedrigsten realisierten Ausschöpfungsgrad des ambulanten Potenzials. Die vertragsärztliche Inanspruchnahme je Versicherten mit Wohnort im jeweiligen Kreis liegt für diese 21 Kreise im Schnitt 13 Prozent über dem Bundesdurchschnitt, die stationäre Inanspruchnahme hingegen 15 Prozent unter dem Bundesdurchschnitt. In den Regionen mit dem niedrigsten Ausschöpfungsgrad ergibt sich ein fast umgedrehtes Verhältnis: Die ambulante Inanspruchnahme liegt 10 % unter dem Bundesdurchschnitt, die stationäre Inanspruchnahme hingegen 24 % über dem Durchschnitt.

Tabelle 2: Landkreise und Kreisfreie Städte mit dem höchsten und niedrigsten ausgeschöpften ambulanten Potenzial

Regionen mit höchstem Ausschöpfungsgrad		Regionen mit geringstem Ausschöpfungsgrad	
KV Region	Landkreis/ kreisfreie Stadt	KV Region	Landkreis/ kreisfreie Stadt
Baden-Württemberg	Rhein-Neckar-Kreis	Thüringen	Suhl
Niedersachsen	Oldenburg	Westfalen-Lippe	Gelsenkirchen, Stadt

---

12 SVR-Gesundheit: Wettbewerb an der Schnittstelle zwischen ambulanter und stationärer Gesundheitsversorgung, Sondergutachten 2012.
13 http://www.zi.de/cms/presse/2013/25-juni-2013/

Die Finanzierung der vertragsärztlichen Versorgung in regionaler Hinsicht 49

Regionen mit höchstem Ausschöpfungsgrad		Regionen mit geringstem Ausschöpfungsgrad	
KV Region	Landkreis/ kreisfreie Stadt	KV Region	Landkreis/ kreisfreie Stadt
Baden-Württemberg	Konstanz	Rheinland-Pfalz	Vulkaneifel
Baden-Württemberg	Ulm, Universitätsstadt	Brandenburg	Prignitz
Hessen	Wiesbaden, Landeshauptstadt	Westfalen-Lippe	Hochsauerlandkreis
Baden-Württemberg	Mannheim, Universitätsstadt	Thüringen	Hildburghausen
Baden-Württemberg	Karlsruhe, Stadt	Rheinland-Pfalz	Zweibrücken, Stadt
Hessen	Main-Taunus-Kreis	Hessen	Hersfeld-Rotenburg
Niedersachsen	Ammerland	Westfalen-Lippe	Recklinghausen
Bayern	München, Landeshauptstadt	Rheinland-Pfalz	Birkenfeld
Niedersachsen	Lüneburg	Mecklenburg-Vorpommern	Uecker-Randow
Berlin	Berlin	Brandenburg	Ostprignitz-Ruppin
Sachsen	Leipzig, Stadt	Sachsen-Anhalt	Harz
Mecklenburg-Vorpommern	Rostock	Sachsen-Anhalt	Jerichower Land
Hamburg	Hamburg	Brandenburg	Uckermark
Niedersachsen	Osnabrück, Stadt	Sachsen-Anhalt	Salzlandkreis
Bayern	München	Westfalen-Lippe	Bottrop, Stadt
Mecklenburg-Vorpommern	Bad Doberan	Nordrhein	Oberhausen, Stadt
Niedersachsen	Oldenburg (Oldenburg), Stadt	Nordrhein	Kleve
Baden-Württemberg	Freiburg im Breisgau, Stadt	Westfalen-Lippe	Herne, Stadt
Baden-Württemberg	Heidelberg, Stadt	Westfalen-Lippe	Höxter
Ambulante Inanspruchnahme: 13 % über Durchschnitt		Ambulante Inanspruchnahme: 10 % unter Durchschnitt	
Stationäre Inanspruchnahme: 15 % unter Durchschnitt		Stationäre Inanspruchnahme: 24 % über Durchschnitt	

Quelle: Eigene Berechnungen auf Basis bundesweiter vertragsärztlicher Abrechnungsdaten und der DRG Statistik des Statistischen Bundesamtes, Jahr 2010

Mit Blick auf die Forderung des Sachverständigenrats können die Kreisregionen mit dem höchsten realisierten ambulanten Ausschöpfungsgrad als Best-Practice-Regionen bezeichnet werden. Dementsprechend wären die 5 % der Kreisregionen mit dem niedrigsten Ausschöpfungsgrad die Worst-Practice-Regionen.

Der systematische Strukturunterschied zwischen Best- und Worst-Practice-Regionen weist auf die potenziell substitutive Beziehung zwischen den sektoralen Versorgungsstrukturen hin (Tabelle 3).

Tabelle 3: Strukturunterschiede zwischen Regionen mit hohem und geringem ausgeschöpften ambulanten Potenzial

	Gruppe 1	Gruppe 2	Gruppe 3
Niedergelassene Ärte je 100.000 EW	221,6	159,8	137,0
Hausärzte	68,7	64,9	60,3
Anästhesisten	6,1	3,3	2,1
Augenärzte	7,7	6,3	5,8
Chirurgen	6,0	4,6	4,2
Frauenärzte	15,0	11,3	11,2
HNO_Ärzte	5,9	4,6	4,2
Hautärzte	5,5	3,9	3,2
Internisten	13,4	10,0	8,6
Kinderärzte	8,4	6,7	6,1
Nervenärzte	8,2	5,2	4,2
Psychotherapeuten	47,0	19,8	10,8
Orthopäden	8,4	6,0	5,5
Radiologen	4,3	3,1	3,0
Urologen	3,7	3,2	3,1
Krankenhausbetten je 100.000 EW	74,9	62,6	83,3

Gruppe 1: Regionen mit hohem ausgeschöpften ambulantem Potenzial
Gruppe 2: Regionen mit durchschnittlichem ausgeschöpften ambulantem Potenzial
Gruppe 3: Regionen mit niedrigem ausgeschöpften ambulantem Potenzial
Quelle: Bundesarztregister und Krankenhausstatistik des Statistischen Bundesamtes

Ebenfalls in seinem Sondergutachten aus dem Jahr 2012 hat der Sachverständigenrat als Qualitätsmerkmal einer guten ambulanten Versorgung die stationäre Behandlungshäufigkeit einiger Indikationen definiert, für die als Hauptdiagnose stationäre Behandlungen möglichst nicht auftreten sollten.[14] Den 21 Best-

---

14 SVR-Gesundheit: Wettbewerb an der Schnittstelle zwischen ambulanter und stationärer Gesundheitsversorgung, Sondergutachten 2012

Practice-Regionen kann auf dieser Grundlage eine deutlich bessere Versorgungsqualität in der vertragsärztlichen Versorgung attestiert werden (Abbildung 7). Diese lässt sich an der Schnittstelle zwischen ambulanter und stationärer Versorgung im Einzelnen mit bestimmten Leistungshäufigkeiten z.B. für ambulante Operationen belegen, gerade bei der Versorgung chronisch Kranker zählen zur Vermeidung stationärer Behandlungen hingegen typisch ambulante Versorgungsleistungen, für die es keine direkten Pendants in der stationären Leistungsstruktur gibt.

Abbildung 7: Hinweise auf bessere Versorgungsqualität in Best-Practice-Regionen

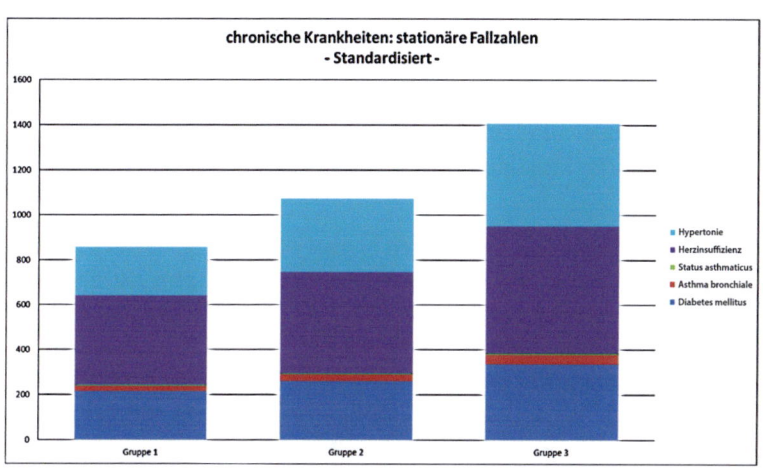

Eine einfache Simulationsrechnung bestätigt schließlich die Erwartungshaltung des Rates: Wären alle Kreise Deutschlands mit Blick auf den Ausschöpfungsgrad des ambulanten Versorgungspotenzials auf Best-Practice-Niveau, würde dies vermutlich eine erhebliche Investition in die vertragsärztliche Versorgung erfordern. Rechnerisch stünden dem hingegen weitaus größere Einsparungen in der stationären Versorgung gegenüber, so dass trotz der demografischen Entwicklung bis 2020 insgesamt Ressourcen frei würden (Tabelle 4).

Tabelle 4: Projektion der ökonomischen Wirkung

	Status-Quo-Szenario 2020	Best-Practice-Szenario 2020
Ambulant	+3 % (ca. 1 Mrd. €)	+17 % (ca. 5 Mrd. €)
Stationär	+6 % (ca. 3 Mrd. €)	−6 % (ca. −3 Mrd. €)
Ambulant und Stationär	4 Mrd. €	2 Mrd. €

Quelle: Eigene Berechnungen

Auch wenn diese Berechnung nicht direkt umsetzbar ist, so spricht doch der unbestreitbare Zusammenhang zwischen den sektoralen Versorgungsstrukturen dafür,

- die regionalen Versorgungsstrukturen in künftigen Vereinbarungen zur Angemessenheit eines erwarteten Behandlungsbedarfs als eigenes Kriterium neben der Risikostruktur zu würdigen.
- diesen Sachverhalt auch zur Entwicklung von Zielgrößen zu nutzen, die der zu vereinbarenden Leistungsmenge einer KV-Region zugrunde gelegt werden können.

Die Gesamtvertragspartner müssen sich hierbei an der Vorgabe des § 39 SGB V (ambulant vor stationär) als Richtschnur orientieren. Zudem hat der Gesetzgeber den Gesamtvertragspartnern in § 87a Abs. 4 SGB V bereits aufgegeben, Leistungsverlagerungen zwischen der stationären und der vertragsärztlichen Versorgung zu berücksichtigen. Dies sollte nicht nur ‚im Rückspiegel', also für bereits eingetretene Verlagerungen erfolgen.[15] Das Verhältnis von stationärer zu vertragsärztlicher Versorgung kann und sollte vielmehr prospektiv berücksichtigt werden, um der Entwicklung der vertragsärztlichen Versorgung eine klare Richtung zu geben.

5. Ernüchternde Zwischenbilanz des Jahres 2013

Betrachtet man das Gesamtergebnis der Vereinbarungen der gemeinsamen Selbstverwaltung auf Bundes- und regionaler Ebene, bleibt das Fazit aus Sicht der Vertragsärzte insgesamt enttäuschend, denn es ist nur in seltenen Fällen

---

15 Stillfried D, Czihal T, Jansen K (2011) Leistungsverlagerungen zwischen Krankenhäusern und niedergelassenen Ärzten – Ein Beitrag zur Methodik der Messung von Verlagerungseffekten und grobe Abschätzung der Bedeutung. Das Gesundheitswesen; Ausgabe 3 2011. Georg Thieme Verlag KG Stuttgart.

gelungen, aus dem langen Schatten der historischen Honorarbudgets herauszutreten. Der intendierte kriterienbasierte Verhandlungsansatz wurde von den Krankenkassen in vielen Regionen zugunsten einer möglichst einheitlichen Budgetfortschreibung weitgehend erfolgreich abgewehrt (Abbildung 8).

Weder konnte die Bewertung des Behandlungsbedarfs nach der Morbiditätsstruktur der Versicherten für 2013 neu und losgelöst von früheren Vereinbarungen vorgenommen werden noch konnten besondere Versorgungsstrukturen in der vertragsärztlichen Versorgung im Sinne der Anerkennung einer Verlagerung/Leistungssubstitution stationärer Leistungen flächendeckend erreicht werden.

Auch die Vereinbarungen auf Bundesebene zum Klassifikationsverfahren zeigen, dass die Berücksichtigung der Morbiditätsstruktur auch wenig sensitiv ausgestaltet wurde. Hierzu gehört, dass die rund 13.000 ICD-10-GM Schlüsselnummern auf derzeit 73 Risikozuschläge komprimiert werden, die damit notwendigerweise Morbiditätsunterschiede nur noch grob abbilden. Die Wahl eines zweijährig-prospektiven Erwartungshorizonts reduziert die gemessenen Morbiditätseffekte zusätzlich im Wesentlichen auf Ereignisse mit chronischer Behandlungsbedürftigkeit. Diese Entscheidungen wurden im Bewertungsausschuss mit Blick auf die nach dem Wegfall der Kodierrichtlinien wiederholt diskutierte Kodierqualität in der vertragsärztlichen Versorgung getroffen. Das Klassifikationsmodell des Bewertungsausschusses weist jedoch selbst unter diesen Restriktionen noch gute Schätzergebnisse aus.[16] Dennoch wurde in den Regionen seitens der Krankenkassen eine zusätzliche Begrenzung durch den sogenannten Schieberegler, d.h. die Wahl eines gewichteten Mittelwerts zwischen der Veränderungsrate gemäß Klassifikationsmodell des Bewertungsausschusses und rein demografischer Strukturänderung eingefordert. Da die demografische Strukturänderung bereits Teil des Klassifikations-verfahrens ist, bedeutet dies letztlich, dass die demografische Struktur gegenüber der Morbiditätsstruktur deutlich überproportional gewichtet wird.

In Bezug auf die Preiskomponente belegen Daten des Praxis-Panels des Zentralinstituts für die kassenärztliche Versorgung (ZiPP), dass das der Leistungsbewertung im Einheitlichen Bewertungsmaßstab zugrunde gelegte Referenzeinkommen (Oberarztgehalt nach dem Opportunitätskostenansatz) durch die Vergütung in der Realität bisher nicht erreicht wurde.[17] Diese Lücke konnte

---

16 http://www.institut-des-bewertungsausschusses.de/publikationen/InBA_Bericht_KM87a 2012.pdf
17 www.zi-pp.de

durch die Anpassung des Punktwerts bisher nicht geschlossen werden, da die Entwicklung des Orientierungswerts seit 2009 hinter der allgemeinen Geldentwertung zurückbleibt. Dies wurde letztlich dadurch erreicht, dass einer empirisch belegten Entwicklung der Investitions- und Betriebskosten in den Praxen pauschal und empirisch wenig untersetzte Wirtschaftlichkeitsreserven gegenüber gestellt worden sind. Eine Entwicklung des Punktwerts unterhalb der Inflationsrate muss jedoch dauerhaft entweder eine Entwertung des Kapitalstocks in den Praxen oder eine Entwertung der ärztlichen Arbeitszeit nach sich ziehen, die nicht ohne Folgen für die vertragsärztliche Versorgung bleiben dürfte.[18]

Abbildung 8: Aktuelle Probleme bei der Umsetzung der Vergütungssystematik

Aktuelle Probleme
bei der Umsetzung der Vergütungssystematik

Bestimmung der Leistungsmenge	Bewertung der Leistungen
• Risikostruktur der Versicherten (hohes Morbiditätsniveau) nicht ausreichend berücksichtigt	• Referenzeinkommen (Oberarztgehalt) wird nicht erreicht
• Abbildung der Morbiditätsstruktur und -entwicklung noch wenig differenziert (grobe Risikogruppen, 2-jährig prospektiv, Schieberegler, keine Berücksichtigung unterjähriger Morbiditätsentwicklung)	• Preisentwicklung bleibt unterhalb der Inflationsrate (Reallohnentwicklung nicht nachvollzogen, Entwicklung der Betriebs- und Investitionskosten nicht berücksichtigt, Entwertung des Kapitalstocks)
• fehlende Datengrundlagen zur Messung von Verlagerungseffekten & mangelnde Anerkennung besonderer vertragsärztlicher Versorgungsstrukturen	• Gegenrechnung und differenzierter / nicht belegter Wirtschaftlichkeitsreserven
	• hoher Pauschalierungsgrad in der Gebührenordnung

• Fortführung von HVM-Quoten aus der Zeit der Honorarbudgetierung   Zi

Quelle: Eigene Darstellung

In der Summe bleibt der Eindruck einer nur sehr unvollständigen Realisierung der in der Vergütungsreform des GKV-WSG projektierten Honorarreform. Auch dies ist Ursache regionaler Vergütungsunterschiede, die sich in diesem Fall jedoch primär durch die jeweilige historische Ausgangssituation und weniger durch die Anwendung gesetzlicher Kriterien erklären lassen.

---

18 Stillfried D, Czihal T.: Vergütung in der ambulanten Versorgung: Ärztliche Arbeitszeit beim Orientierungswert berücksichtigen In: Dtsch Arztebl 2014; 111(4).

Will der Gesetzgeber die regionalen Unterschiede in der Vergütung dem Zufallsprinzip entreißen und künftig einer versorgungsorientierten Logik unterstellen, muss er den Auftrag an die Gesamtvertragspartner in § 87a SGB V offensichtlich präzisieren. Hierzu gehört eine klare Zielvorgabe, die bisher nur in den Gesetzesbegründungen, nicht aber im Gesetzestext selbst benannt worden ist. Der Auftrag muss dahingehend konkretisiert werden, dass nicht die Fortschreibung historisch gegebener Mengenziele, sondern deren sachgerechte Bewertung im Vordergrund steht. Hierzu bedarf es eines Verweises auf das Instrumentarium zur Ermittlung der Risikostruktur und der Ergänzung um die Berücksichtigung von Versorgungsstrukturen, auch als Entwicklungsziel. Schließlich benötigen beide Vertragsparteien hierfür eine versichertenbezogene sektorenübergreifende Datengrundlage.

6. Zusammenfassung

Regionale Gestaltungsspielräume wurden mit dem GKV-StVG durch einen inhaltlich herausfordernden Verhandlungsauftrag gestärkt. Dieser sollte an die Stelle der Umsetzung von „Vorgaben aus Berlin" treten. Es gibt demnach keine sachfremden Honorarbegrenzungen mehr, vielmehr gilt allein eine sachlich begründete Mengenvereinbarung (Konkretisierung des medizinisch Notwendigen) für eine gegebene Population.

Die Bestimmung des medizinisch Notwendigen leitet sich im Wesentlichen aus einer statistischen Normierung nach Risikostrukturmerkmalen ab. Auf dieser Grundlage müssen ergänzend regionale Versorgungsstrukturmerkmale berücksichtigt werden. Die Vereinbarung des notwendigen Behandlungsbedarfs muss (gewünschte) Verlagerungen von stationär nach ambulant berücksichtigen und auch initiieren. Dies kann in Versorgungszielen zur Förderung bestimmter Leistungen bzw. Investitionen in die Versorgungsstruktur konkretisiert werden.

Der gesetzliche Auftrag an die regionalen Gesamtvertragspartner in § 87a SGB V scheint aus Sicht der Autoren klar formuliert. Die Formulierung ist aber nach den Erfahrungen mit Schiedsämtern und dem Urteil des LSG Sachsen-Anhalt gleichwohl nicht weitgehend genug oder nicht hinreichend präzise. Sollen die Ziele der Vergütungsreform, so wie im GKV-WSG formuliert, erreicht werden, bedarf es daher einer baldigen Konkretisierung des gesetzlichen Auftrags an die Gesamtvertragspartner.

Wolfgang Greiner

Zur Mengenentwicklung im Krankenhausbereich

1. Steigt die Leistungsmenge im Krankhaus allein aufgrund der demographischen Entwicklung?

Gemessen an der Zahl der Krankenhausbetten per 1.000 Einwohner verfügt Deutschland über eines der best-ausgebauten Krankenhaussysteme der Welt. Während im OECD-Durchschnitt nur 4,9 Krankenhausbetten auf 1.000 Einwohner kommen, waren es im Jahre 2012 in Deutschland 8,3 (OECD 2012). Allerdings hat der Sachverständigenrat zur Begutachtung der Entwicklung im Gesundheitswesen in seinem Gutachten aus dem Jahre 2012 darauf verwiesen, dass offensichtlich ein Zusammenhang zwischen den durchschnittlichen Kosten je stationären Fall und den stationären Fällen je 100.000 Einwohner besteht (Abbildung 1): Je höher die Zahl der stationären Fälle, desto niedriger sind international die durchschnittlichen Fallkosten, die wiederum nicht unabhängig von der Fallschwere sind. Dieser Zusammenhang ist auch unmittelbar einleuchtend, denn Ländern, in denen weniger schwere Fälle statt ambulant im Krankenhaus behandelt werden, müssen eine entsprechend höhere Krankenhauskapazitäten vorhalten. Deutschland gehört offenbar zu den Ländern, in denen das ambulante Potential noch bei weitem nicht ausgenutzt ist. Insofern sind die durchschnittlichen Kosten pro Krankenhausfall in Deutschland zwar niedriger als im OECD-Durchschnitt, gemessen an dem eben skizzierten Zusammenhang aber im internationalen Vergleich immer noch wesentlich zu hoch (Geissler et al. 2010).

Abbildung 1: Internationaler Vergleich zur Häufigkeit von stationären Fällen im Verhältnis zu Kosten pro stationärem Fall im Jahr 2008 (in US$-KKP)

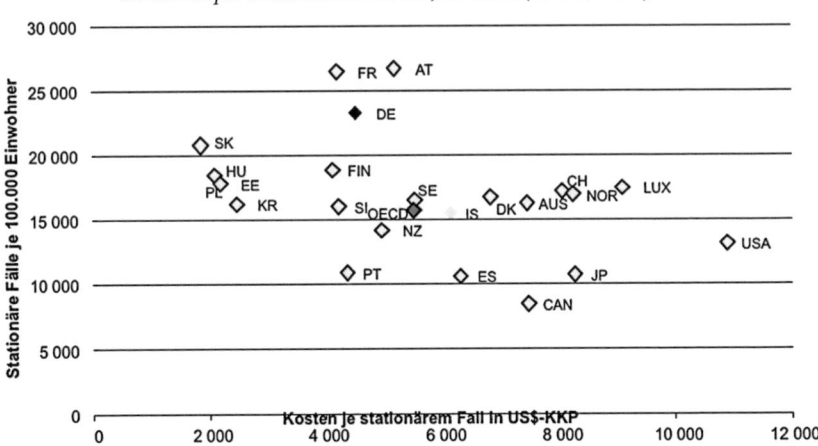

Quelle: Sachverständigenrat für die Begutachtung der Entwicklung im Gesundheitswesen (2012) auf Basis von OECD 2011

Während der auch in Deutschland erkennbare Trend zur Ambulantisierung bislang stationär versorgter Fälle zu einer Minderung der Krankenhausfallzahlen führen sollte, lässt sich insgesamt aber ein gegenläufiger Trend feststellen. So stieg die Zahl der Fälle von 2003 bis 2010 insgesamt um moderate 4,3 %, betrachtet man dagegen den Zeitraum von 2006 bis 2010 betrug die Steigerungsrate über 7 % (Statistisches Bundesamt 2013). Der Grund ist, dass in den Jahren 2004 und 2005 im Zuge der Einführung des neuen Fallpauschalensystems die absolute Zahl der Krankenhausfälle zunächst zurückging, seitdem aber stetig um etwa 2 % pro Jahr ansteigt. Dieser Anstieg liegt auch oberhalb der Rate, die aufgrund der demographischen Entwicklung in Deutschland zu erwarten gewesen wäre. Standardisiert man nämlich die Anzahl der Krankenhausfälle nach Alter, wäre zwischen 2006 und 2010 lediglich ein Anstieg um etwa 5 % zu erwarten gewesen.

Die Mengenentwicklung im Krankenhausbereich ist insbesondere durch einen Expertenbericht der OECD aus dem Jahr 2013 verstärkt in die öffentliche Diskussion gelangt (OECD 2013). Im Zuge dieser Debatte werden häufig auch einzelne elektive Leistungen wie der Ersatz von Hüftendoprothesen oder Knieendoprothesen angeführt, bei denen das deutsche Gesundheitssystem (gemessen an der Zahl der Eingriffe pro 100.000 Einwohner) auf das Doppelte des OECD-Durchschnittes kommt und damit an der Spitze der OECD-Länder liegt. Die Auswertung der regionalen Verteilung von Knieendoprothesenoperationen innerhalb von Deutschland macht zudem deutlich, dass andere Einflussfaktoren als ausschließlich der medizinische Bedarf für die Leistungsentwicklung von Bedeutung sind (Bertelsmann-Stiftung 2013). So finden sich Schwerpunkte der Operationstätigkeit für Knieendoprothesen vor allen in Bayern und Hessen, aber weniger in Gebieten, die aufgrund ihrer Altersstruktur für diese Leistung erwartbar gewesen wären (wie z. B. Mecklenburg-Vorpommern).

Seitens der Krankenhausverbände wird eine Reihe von Argumenten gegen die These einer angebotsinduzierten Nachfrage im Krankenhaussektor vorgebracht (Blum, K. und Offermanns, M. 2013, S. 10-16). So habe sich der Anteil der GKV-Ausgaben für den Krankenhaussektor (ca. 34 %) über die Zeit kaum verändert. Dies spräche gegen ein ungehemmtes Mengenwachstum bei Krankenhausleistungen. Wie oben dargestellt könnte allerdings auch umgekehrt argumentiert werden, dass aufgrund der Potentiale im Bereich ambulanter Leistungen eher rückläufige Krankenhausfallzahlen erwartbar sein könnten. Weiterhin wird vorgebracht, dass es im Rahmen der externen Qualitätssicherung (durch das AQUA-Institut) kaum Hinweise auf eine medizinisch nicht induzierte Diagnosestellung gebe. Es stellt sich allerdings die Frage, ob externe Qualitätssicherungsmaßnahmen in der derzeitigen Form überhaupt geeignet sind, die Angemessenheit der Leistungserbringung korrekt abzubilden. Dagegen spricht vor allem, dass nicht für alle Leistungen entsprechende Daten vorliegen und wenig über die Validität der bestehenden Parameter zur Diagnosequalität bekannt ist.

Gegen die These der Angebotsinduktion im Krankenhausbereich könnte auch sprechen, dass insbesondere bei elektiven Leistungen sowohl der einweisende Arzt als auch die Patienten selbst in den Entscheidungsprozess eingebunden sind. Allerdings ist evident, dass der Einfluss der Krankenhausärzte auf diese Entscheidung beträchtlich ist, sodass daraus durchaus die Möglichkeit einer Angebotsinduktion ableitbar ist. Auf die Möglichkeiten der Stärkung der Patientensouveränität durch entsprechende Aufklärung, Zweitmeinungsverfahren sowie auf weitere nachfrage- wie angebotsseitige Einflüsse auf die Leistungsmenge soll in den folgenden Abschnitten noch näher eingegangen werden.

2. Welche Anreize bestehen für eine Ausweitung der Leistungsmenge im Krankenhaus?

Wie bereits erläutert kommen zu Erklärung der Mengenausweitung im Krankenhaussektor verschiedene Ursachen in Frage, wobei die demographische Entwicklung einen wichtigen, aber nicht den alleinigen Erklärungsansatz darstellt.

Neben den patientenbezogenen Einflüssen sind deshalb auch Einflüsse seitens der Anbieterseite zu diskutieren. Dazu gehört zu allererst, dass der Gesundheitssektor ein hochinnovativer Bereich ist, was insbesondere für die stationäre Versorgung gilt. Gemäß dem sogenannten „Verbotsvorbehalt" (§ 137c SGB V) können Leistungen im stationären Bereich gegenüber den Krankenkassen abgerechnet werden, solange sie nicht ausdrücklich aus den Leistungskatalog ausgeschlossen sind. Dies bedeutet, dass Innovationen mit einem vergleichsweise geringen Aufwand in die stationäre Versorgungspraxis eingeführt werden können und deshalb zur Mengenausweitung beitragen könnten. Innovationen werden zudem durch sogenannte „neue Untersuchungs- und Behandlungsmethoden" (NUB) gefördert. Dies sind nach § 6 Absatz 2 Krankenhausentgeltgesetz (KHEntgG) „zeitlich befristete, fallbezogene Entgelte oder Zusatzentgelte für Leistungen", die mit den vorhandenen Fallpauschalen nicht sachgerecht abgerechnet werden können. Auf diese Weise ist ebenfalls ein relativ zeitnaher Zugang von Innovationen zum stationären Markt gewährleistet. Dies steigert tendenziell die Anzahl der Patienten, die ohne diese Innovationen gar nicht oder ggf. im ambulanten Sektor behandelt worden wären.

Von medizinisch wissenschaftlicher Seite wird dieser vergleichsweise offene Marktzugang für neue Verfahren durchaus kritisch gesehen, da eine systematische Beurteilung in wissenschaftlichen Studien, ggf. auch im Versorgungskontext, vom Gesetzgeber nicht zwingend vorgeschrieben ist und in der Praxis häufig unterbleibt (Dettloff M. et al. 2013). Wenngleich langfristig von einem nennenswerten Effekt innovativer Leistungen auf die Zahl der Krankenhausfälle ausgegangen werden muss, ist der Innovationseinfluss bei kurzfristiger Betrachtung im Jahresvergleich (gemessen am Umsatzanteil der NUBs) als eher gering einzuschätzen.

Als weitere Ursache für die Mengenentwicklung im Krankenhausbereich wird das derzeitige Erstattungssystem für Krankenhäuser in Deutschland genannt. Seit Jahren wird an diesem vor allem kritisiert, dass die Steigerungsrate der Erlöse bei weitem nicht mit dem Anstieg der Kosten (insb. im Personalbereich) im Einklang sei (Korff, U. 2012). Die Krankenhäuser seien daher gezwungen, die sich auftuende Schere zwischen Kosten und Erlösen durch eine Steigerung der Leistungsmengen aufzufangen. Denkt man diese Argumentation konsequent weiter, wären die Mengensteigerungen umso größer, je geringer die Erlössteigerungen (bei gegebener Kostensteigerungsrate) ausfielen. Dies ist die typische Situation für einen sogenannten Hamsterradeffekt, bei dem Anbieter insbesondere im Hinblick auf die Gefahr eines Bankrottes und den damit verbundenen Exitkosten (z.B. für die Abwicklung des Betriebes und den Verlust an Reputation) die angebotene Menge umso mehr steigern, je stärker die Erlöse sinken. Im üblichen

Preis-Mengendiagramm würde daher die Angebotsfunktion nicht mehr positiv verlaufen (das Angebot steigt, wenn die Preise steigen) sondern gerade umgekehrt einen negativen Verlauf nehmen. Ob dieser Zusammenhang gilt, kann empirisch überprüft werden, soweit kein Einheitspreis gilt. Dies war vor und in der Übergangszeit zum DRG-System der Fall. Felder et al. (2013) konnten für diese Perioden nachweisen, dass die Angebotsfunktion im Krankenhausbereich keineswegs negativ verläuft, sondern ein schwach positiven Verlauf aufweist. Dies deutet darauf hin, dass der beschriebene Hamsterradeffekt zumindest für den Gesamtmarkt nicht existiert; es ist aber nicht bekannt, ob Krankenhäuser ihre diesbezügliche Strategie ändern, wenn sie einer existenzbedrohenden Krise gegenüberstehen. Hier besteht also noch erheblicher weiterer Forschungsbedarf.

Allerdings ist bekannt, dass Anbieter durchaus auf Preissignale, die sich aus dem Erstattungssystem ergeben, reagieren. So konnte festgestellt werden, dass Mengensteigerungen insbesondere bei solchen Leistungsarten auftreten, die durch einen relativ hohen Gemeinkostenanteil in der Kalkulation der Fallpauschalen gekennzeichnet sind (Felder et al. 2013). Bei diesen Leistungen lohnt sich eine Leistungsausweitung mehr als bei Leistungen mit überdurchschnittlichen variablen Kostenanteilen, denn bei hohen Gemeinkosten erbringen Mehrleistungen auch entsprechend höhere Deckungsbeiträge.

Neben dem derzeitigen DRG-System könnten auch Honorierungsanreize innerhalb der Krankenhäuser zu einem Mengenwachstum geführt haben. Diskutiert werden insbesondere die variablen Vergütungsvereinbarungen der Chefärzte, die offenbar regelmäßig auch Vorgaben für die Fallzahlen enthalten haben (Rochel, B. und Weiser, F. 2012). Variable Vergütungsvereinbarungen sollen dazu führen, die strategischen und operativen Ziele der Unternehmensleitung in Kongruenz zu denen der leitenden Angestellten zu bringen. Wenn es also das Ziel eines Krankenhauses ist, den eigenen Marktanteil auszubauen oder zumindest eine Ausweitung der Leistungsmenge zu erreichen, so sind entsprechende Vereinbarungen ein Instrument, um die Chefärzte zu einem entsprechenden zielkonformen Verhalten zu bewegen. Daher sind weniger die viel diskutierten Bonusvereinbarungen auf Chefarztebene als vielmehr das Anreizsystem auf der Krankenhaussystemebene als Ursache eines ggf. übermäßigen Mengenwachstums anzusehen. Es ist zwar durchaus möglich, auf regulatorischem Wege Bonusvereinbarungen mit Chefärzten, die sich an Mengenausweitungen ausrichten, zu unterbinden. Wenn ein größeres Leistungsvolumen aber weiterhin für Krankenhäuser lohnend bleibt (oder sogar als betriebswirtschaftlich einziger Ausweg in kritischer wirtschaftlicher Situation angesehen wird), wird die Krankenhausleitung andere Wege finden, dieses strategische Ziel bei den Chefärzten durchzusetzen. Ansatzpunkte sind beispielsweise die Investitions- und Personalplanung innerhalb des Krankenhauses. Die bislang starke Fokussierung in der öffentlichen Diskussion auf die Bonusverträge ist aus diesem Grunde letztlich wenig zielführend.

Auch auf der Nachfrageseite haben sich in den letzten beiden Jahrzehnten bedeutende Veränderungen vollzogen, die nicht ohne Auswirkungen auf die Nachfrage nach Krankenhausleistungen geblieben sind. Dazu gehört zum einem, dass Patienten zumindest in Teilen selbstbewusster auftreten als noch vor 20 Jahren und bestimmte Vorstellungen über den Umfang, die Qualität und den Zeitpunkt der Versorgung mitbringen. Patienten fragen also aktiv bestimmte Leistungen nach, die sie früher fast ausschließlich passiv nach Verordnung durch den Arzt bezogen haben (Franz, D. und Roeder, N. 2012). Darauf zielen teilweise auch direkt auf dem Patienten bezogene Marketingstrategien, insbesondere im lokalen Umfeld der Krankenhäuser, bei denen in der Publikumspresse auf neuartige Leistungen und auf Investitionen in moderne Gerätschaften hingewiesen wird. Hinzu kommt, dass die demographische Entwicklung nicht nur zu einem höheren Lebensalter, sondern auch zu einem vergleichsweise besseren Gesundheitszustand selbst in höheren Lebensaltern geführt hat. Insofern sind auch bei vielen älteren Patienten Operationen und Behandlungen möglich, die in früheren Zeiten altersbedingt nicht in Erwägung gezogen wurden. Sowohl die beschriebene Präferenzverschiebung bei den Patienten als auch die Demographie bedingte Verschiebung der Morbidität führen zu patientenbezogenen Einflüssen auf die Entwicklung der Krankenhausleistungen, die allerdings schwer zu beziffern sind. Ähnlich wie bei den Innovationen handelt es sich eher um langfristige Trends, die den relativ hohen jährlichen Anstieg der letzten Jahre nur zu einem geringen Anteil erklären können.

3. Welche Instrumente werden derzeit zur Begrenzung der Leistungsmenge im Krankenhaus genutzt?

Das Phänomen der steigenden Zahl von abgerechneten Krankenhausleistungen ist in der Krankenhauspolitik schon länger bekannt, und der Gesetzgeber hat darauf mehrfach mit Veränderungen in der Honorierungssystematik reagiert. So müssen Krankenhäuser gemäß § 4 Absatz 3 des Krankenhausentgeltgesetztes (KHGntG) bei Überschreitungen des vorab mit den Krankenkassen vereinbarten Budgets hohe Abschläge zahlen, die derzeit 65 % betragen. Für die zusätzlichen Kosten der oberhalb des Budgets erbrachten Leistungen stehen dem Krankenhaus also nur noch 35 % der Erlöse zur Verfügung. Ausnahmen gelten nur für schwerverletzte, polytraumatisierte oder brandverletzte Patienten, bei denen die Abschlagshöhe auf 25 % reduziert ist.

Neben diesem sogenannten Mehrerlösausgleich wird zudem nach § 4 Absatz 2a des KHEntG ein Abschlag von derzeit (2014) 25 % für die Dauer von zwei

Jahren auf solche Leistungen gerechnet, die prospektiv neu für das Budget des jeweiligen Krankenhauses vereinbart worden sind. In früheren Jahren lag dieser Abschlag höher oder wurde krankenhausindividuell vereinbart. Aus Sicht des Krankenhauses stellt der Mehrleistungsabschlag im Grunde eine Investition in die Zukunft dar, weil zwar in den ersten beiden Jahren der Vereinbarung zusätzlicher Leistungen ein empfindlicher Abschlag hingenommen werden muss, dafür aber in den Folgejahren mit einem entsprechend vollständigen Erlös gerechnet werden darf. Der Effekt entspricht der aus dem Einzelhandel bekannten Listing-Fee, die der Lieferant einräumen muss, um überhaupt in das Sortiment aufgenommen zu werden. In der Praxis wirkt auch der Mehrerlösausgleich in ähnlicher Weise, da die Krankenhäuser häufig davon ausgehen, dass die zusätzlichen Leistungen mit einiger Wahrscheinlichkeit bei den Budgetverhandlungen in den Folgejahren budgeterhöhend wirken, weil die Budgetüberschreitungen als ein Indiz für weiteren Bedarf aufgefasst werden. Insofern haben sich sowohl der Mehrerlösausgleich als auch der Mehrleistungsabschlag als wenig wirksame Instrumente erwiesen, eine medizinisch unbegründete Leistungsausweitung im Krankenhausbereich grundlegend zu vermeiden.

Krankenhäuser, die die vereinbarte Leistungsmenge unterschreiten, laufen Gefahr, diese Budgetanteile in den Folgejahren zu verlieren, und haben daher im Hinblick auf die Abdeckung ihrer Fixkosten wenig Anreiz, knapp unrentable Leistungsbereiche nicht mehr selbst zu erbringen. Zwar werden bei Budgetunterschreitungen sogenannte Mindererlösausgleiche gezahlt, die seit 2007 zu 20 % ausgeglichen werden, um die Fixkosten abzudecken. Durch die jährlichen Budgetverhandlungen ist es allerdings relativ unwahrscheinlich, dass mittels des Mindererlösausgleiches ein mittelfristig betriebswirtschaftlich tragbares Ausstiegsszenario für Krankenhäuser eröffnet wird, die sich aus einzelnen Leistungsbereichen zurückziehen wollen.

Ausweitungen der Leistungsmenge auf Bundeslandebene führen gemäß § 10 Absatz 3 des KHEntG zudem zur Absenkung des Basisfallwertes, was faktisch zu einer Mithaftung aller Krankenhäuser in einem Bundesland für die Ausweitung der Leistungsmenge durch einzelne Krankenhäuser führt. Die Regelung ist somit ein gutes Beispiel für eine reine Kostendämpfungsmaßnahme ohne jegliche individuelle Steuerungswirkung.

4. Welche anderen Ansätze könnten dazu beitragen, die Leistungsmenge zu begrenzen?

In der wissenschaftlichen Literatur, aber auch in der aktuellen gesundheitspolitischen Diskussion werden eine Reihe von Ansätzen diskutiert, die dazu beitragen sollen, Leistungsausweitungen im Krankenhausbereich, die nicht medizinisch induziert sind, zu vermeiden (Augurzky, B. et al. 2012). Im Folgenden sollen fünf dieser Vorschläge kurz vorgestellt und diskutiert werden. Der weitgehendste Vorschlag zur Begrenzung der Leistungsmenge im Krankenhauswesen besteht in dem zumindest teilweisen Übergang von einem kollektiven Vertragssystem zu selektiven Vertragsbeziehungen zwischen einzelnen Krankenkassen oder Krankenkassengruppen und einzelnen Krankenhäusern oder Krankenhausgruppen. Der Vorschlag zielt im Kern vor allem darauf ab, den Wettbewerbsgedanken auch auf dem Leistungsmarkt zu stärken und so den Krankenkassen mehr Handlungsmöglichkeiten an die Hand zu geben, insbesondere in überversorgten Gebieten zu einer Reduktion des Krankenhausangebotes beizutragen. Zumindest bei elektiven, also planbaren Leistungen wäre es auf diese Weise möglich, individuell Qualitätsstandards zu definieren und vereinbarte Leistungsmengen effektiver als bisher durchzusetzen. Da auf diese Weise die Verhandlungsposition der Krankenkassen erheblich aufgewertet werden würde, ist bei der Umsetzung dieser Reformoption eine wirksame kartellrechtliche Aufsichtsregelung erforderlich. Insbesondere in Gebieten, in denen einzelne Krankenkassen eine marktbeherrschende Stellung aufweisen, müsste ein wettbewerbswidriges Ausnutzen dieser Verhandlungsposition durch eine entsprechende Aufsicht vermieden werden.

Andererseits gilt diese Gefahr für die allermeisten Krankenkassen in Deutschland nicht, weil diese in der Regel weniger als 10 % Marktanteil aufweisen. In unterversorgten Gebieten wären selektive Krankenhausverträge überdies wenig zielführend, da ohnehin dort jeweils nur ein Anbieter dafür in Frage käme. Neben einer Stärkung der kartellrechtlichen Aufsicht wären somit weitere regulatorische Maßnahmen erforderlich, die eine nach Fachdisziplinen differenzierte Definition von Über- und Unterversorgung ermöglichen. Anknüpfungspunkte hierzu sind beispielsweise die Festlegung von Obergrenzen der Erreichbarkeit (etwa die Festlegung einer maximale Kilometerzahl oder auch einer maximalen Fahrtzeit bis zum nächsten Krankenhaus). Der Staat würde sich also bei dem Übergang von einem rein kollektiven Vertragssystem zu einem selektiveren keineswegs aus der Krankenhausplanung zurückziehen, er hätte sogar eine aktivere Rolle in Bezug auf Fragestellungen, die vor allem politisch beantwortet werden müssten (z. B. welche maximale Strecke bis zum nächsten Krankenhaus noch als ausreichende Versorgung angesehen werden kann).

Ob der Übergang in ein selektives Vertragssystem in den Gebieten, in denen dies ein entsprechendes Überangebot zulässt, in einem Schritt erfolgt (sog. Synchronmodell) oder zunächst nur eine Option auf freiwilliger Basis innerhalb des Kollektivvertragssystem darstellen soll (Optionsmodell) hängt eher von den politischen Opportunitäten eines solchen Systemwechsels ab. Ohnehin sollten entsprechende Parallelsysteme vor Einführung intensiv in Pilotstudien überprüft und evaluiert werden, bevor diese Versorgungsmodelle in die Regelversorgung überführt werden. Dabei würde neben den wettbewerblichen Effekten auch der erwartete Anreiz zur Spezialisierung empirisch überprüft werden, von dem einerseits positive Qualitäts- und Kostenwirkungen erwartet werden, der aber andererseits auch noch zu stärkeren Mengenausweitungen in den einzelnen Zentren (bei entsprechend großzügiger Indikationsstellung) führen könnte.

Während der teilweise Übergang zu einem selektiven Vertragssystem wegen der damit verbundenen Unwägbarkeiten auf die Struktur der Krankenhauslandschaft als politisch eher wenig aussichtsreich gilt, erscheinen Anpassungen der Krankenhauspreise auch innerhalb des Kollektivvertragssystems als probates Mittel, Anreize zur Mengenausweitung abzubauen. Dazu gehört insbesondere die Weiterentwicklung des in § 17b Absatz 1 Satz 11 (zweiter Halbsatz) KHG enthaltenen Möglichkeit einzelne DRG gezielt abzusenken: „Die Bewertungsrelationen sind als Relativgewichte auf eine Bezugsleistung zu definieren; sie können für Leistungen, bei denen im erhöhten Maße wirtschaftlich begründete Fallzahlsteigerungen eingetreten oder zu erwarten sind, gezielt abgesenkt oder in Abhängigkeit von der Fallzahl bei diesen Leistungen gestaffelt vorgegeben werden." Eine Abkehr von der starren Abstaffelungsregelung, die derzeit bei Budgetüberschreitungen gilt, und der Übergang zu einem differenzierten System, das insbesondere dort für Absenkungen auf preislicher Ebene sorgt, wo die Anreize für eine Mengenausweitung am höchsten sind, könnte relativ kurzfristig und ohne tiefgreifende Einschnitte in das derzeitige Vergütungssystem durchgeführt werden. In Frage kommen insbesondere Fallpauschalen, die einen relativ hohen Anteil an Gemeinkosten aufweisen und ggf. in der Vergangenheit auch einen überdurchschnittlichen Anstieg der Leistungsvolumen aufgewiesen haben, welcher demographisch kaum erklärt werden kann. Beide Informationen liegen beim InEK (Institut für das Entgeltsystem im Krankenhaus) bereits vor und könnten die Basis für eine entsprechende Auswahl und erste Modellvorhaben sein, um die erwarteten Anreizwirkungen in der Praxis zu überprüfen.

Andere Optionen, wie beispielsweise eine Ausweitung auf eine längere Periode des Mehrerlösausgleiches weisen dagegen den Nachteil auf, relativ undifferenziert auch diejenigen Leistungen zu treffen, die nicht vor allem angebotsinduziert sind. Umgekehrt wäre aber zu überlegen, ob man Krankenhäusern, die sich von einzelnen Leistungsbereichen trennen wollen und auf diese Weise auf Leistungsmengenausweitungen verzichten, stärker als bisher einen temporären prospektiven Minderleistungsabschlag gewähren, d. h. für eine längere Zeit und als Anreiz für den Marktaustritt einen Ausgleich für die entgangenen Deckungsbeiträge zu gewähren.

Zu den weiteren Maßnahmen, die zu einer Begrenzung der Leistungsmenge im Krankenhaus beitragen könnten, gehören solche, die darauf abzielen, die Diagnosequalität zu verbessern. Eine dieser Maßnahmen ist auch im Koalitionsvertrag 2013 benannt (CDU, CSU, SPD 2013): das Recht vor Operationen eine Zweitmeinung bei einem anderen Facharzt oder Krankenhaus einzuholen. Mindestens 10 Tage vor der Operation sollen die behandelnden Ärzte die Patienten auf deren Recht zur Einholung der Zweitmeinung informieren, wobei die zusätzlichen Kosten der doppelten Diagnosestellung durch die Krankenkassen zu übernehmen sind. Bei einzelnen Krankenkassen ist diese Möglichkeit bereits jetzt für deren Versicherte möglich. Es wird berichtet, dass die Erfahrungen damit sowohl in Bezug auf die Zahl der Nutzer des Zweitmeinungsverfahrens als auch auf den Anteil derjenigen, die sich durch die zusätzliche Meinung gegen eine Operation entscheiden, durchaus ermutigend seien. Breiter angelegte Evaluationen sollten aber überprüfen, ob dieses Instrument nicht nur ein relativ überschaubarer Anteil der Patienten, die ohnehin schon kritischer und besser informiert in entsprechende Arztgespräche gehen, genutzt wird. Ein weitergehender Vorschlag lautet daher, bei Vorliegen einer positiven Zweitmeinung die eigentliche Krankenhausleistung höher zu bewerten, um durch solch einen Bonus die Krankenhäuser zu motivieren, auf die Patienten einzuwirken, eine entsprechende Zweitmeinung einzuholen.

Für die externe Qualitätssicherung der Krankenhäuser, die derzeit das AQUA-Institut vornimmt, werden auch Indikatoren für eine korrekte Diagnosestellung gesammelt, die aber bislang nur für einen Teil der Krankenhausleistungen vorliegen. Die konsequente Weiterentwicklung und Validierung der vorhandenen Diagnosequalitätsindikatoren könnte mittel- und langfristig ebenfalls dazu führen, die Honorierung der eigentlichen Krankenhausleistung an eine abgesicherte und extern überprüfte Diagnosestellung zu koppeln.

Im Sinne eines verstärkten Qualitätswettbewerbs ist in den letzten Jahren auch vielfach eine stärkere Transparenz von Struktur-, Prozess- und Ergebnisparametern der Krankenhausbehandlung einzelner Häuser diskutiert worden (Sachverständigenrat 2012). Das ebenfalls im Koalitionsvertrag angekündigte Qualitätsinstitut soll in diesem Zusammenhang zu mehr Transparenz sowohl bei den einweisenden Ärzten als auch bei den Patienten selbst beitragen. Es ist allerdings zumindest zweifelhaft, ob diese höhere Transparenz auch zwangsläufig zu einer Begrenzung des Leistungsvolumens führen würde, wie teilweise argumentiert wurde (Heinrich-Böll-Stiftung 2013). Denkbar wäre auch ein gegenteiliger Effekt, bei dem eine großzügige Indikationsstellung mit entsprechenden Ausweitungen der Leistungsmenge vor allem im Bereich der weniger schwer erkrankten Patienten, für die eine bestimmte Maßnahme ggf. noch nicht angezeigt wäre, sowohl zu einer Leistungsausweitung als auch zu positiven Effekten bei den Qualitätsparametern führen würden, weil ceteris paribus eine Operation bei weniger schwer Erkrankten auch eine geringere Komplikationsrate nach sich ziehen könnte.

Schließlich soll an dieser Stelle noch ein Vorschlag kurz vorgestellt werden, der erst in jüngerer Zeit in die Diskussion gekommen ist. Augurtzky et al. (2012) schlagen dabei vor, Mengenausweitungen dadurch zu begrenzen, dass Abrechnungen nur noch mit entsprechenden Abrechnungszertifikaten bei den Krankenkassen möglich sein sollen. In der Einführungsphase sollen dazu entsprechend der bisherigen Fallzahlen bzw. der aktuellen Budgetverhandlungen Zertifikate ausgegeben werden, die dann aber anders als heute handelbar wären, sodass es zu Verschiebungen der abrechenbaren Leistungsmengen zwischen einzelnen Krankenhäusern kommen könnte. Durch die Erlöse aus den Zertifikateverkäufen bestünde für einzelne Krankenhäuser ein Anreiz, sich aus Leistungsbereichen zurückzuziehen, während andere Häuser, die sich genau in diesem Bereich spezialisieren wollen, die Möglichkeit zur Abrechnung von Leistungen oberhalb ihres bisherigen Budgets gegeben werden würde. Im Gegensatz zum jetzigen System wären dazu keine langwierigen Verhandlungen mit den Kostenträgern notwendig, sondern ein Zertifikatemarkt würde für einen entsprechenden Ausgleich von Angebot und Nachfrage zwischen den Krankenhäusern führen.

Während der zentrale Vorteil dieses Systems vor allem in seiner Dezentralität besteht, die einen kurzfristigen und individuelleren Ausgleich der jeweiligen Krankenhausstrategien bewirken würde, liegen seine Nachteile vor allem in dem relativ hohen administrativen Aufwand, der mit der Abwicklung des Zertifikatehandels verbunden wäre, sowie der Notwendigkeit, ex ante eine optimale Zertifikateanzahl festlegen zu müssen. Das letztgenannte Argument wiegt versorgungspolitisch besonders schwer, denn diese Festlegung müsste darüber entscheiden, welche Fallzahl einzelner Leistungsgruppen im kommenden Jahr im Hinblick auf die demographische und medizinische Entwicklung angemessen erscheint. Dies erscheint tendenziell als eine Überforderung der Regulierung, der sie kaum angemessen gerecht werden kann. Insbesondere wäre auch zu diskutieren, ob der Zertifikatehandel für Häuser in unterversorgten (beispielsweise ländlichen) Bereichen nicht so begrenzt werden müsste, dass eine Mindestversorgungsdichte weiter gewährleistet ist. Insofern stellt der Zertifikatehandel einen exzellenten Anreiz zur Spezialisierung und zur effizienten Produktion für Anbieter dar, setzt aber gleichzeitig einen erheblichen Umfang administrativer Maßnahmen und Planung voraus, um den Handel zu organisieren und zu regulieren.

5. Fazit und Ausblick

Nach den vorliegenden Zahlen kann davon ausgegangen werden, dass in einzelnen Bereichen des Krankenhauswesen eine angebotsinduzierte Mengenausweitung über das hinaus, was demographisch und medizinisch erwartbar wäre, erfolgt. Diese Feststellung wird durch die Beobachtung unterstützt, dass entsprechende Mengenausweitungen vor allem bei denjenigen Leistungen stattfinden, die hohe Gemeinkosten aufweisen und insofern bei einer Mengenausweitung zu relativ hohen Deckungsbeiträgen führen. Die bisherigen regulatorischen Maßnahmen, mit denen der Gesetzgeber auf diesen Umstand reagiert hat, sind undifferenziert und teilweise auch wenig wirkungsvoll und sollten daher durch passgenauere Honorierungs- und Vertragssysteme ergänzt bzw. ersetzt werden. Insofern werden unterschiedliche Instrumente notwendig sein, um der Herausforderung steigender Krankenhausleistungen zu begegnen.

Prospektive, krankenhausindividuelle und differenzierte Verhandlungen über Preis, Menge und Qualität des Leistungsspektrums sind derzeit nur über ein zumindest teilweise selektives Vertragssystem denkbar. Da dies allerdings in absehbarer Zeit politisch kaum durchsetzbar erscheint, sollte zunächst der bestehenden Mehrleistungsabschlag in ein degressives Vergütungssystem überführt werden und ein Zweitmeinungsverfahren bei bestimmten elektiven Leistungen eingeführt werden. Zudem sollten in einem definierten Teilbereich des DRG-Spektrums auch Erfahrung mit einem Zertifikatesystem gesammelt werden. Wegen der Komplexität des Krankenhausmarktes sind die möglichen Effekte der einzelnen Instrumente nicht immer direkt voraussagbar. Deshalb ist dringend anzuraten, die einzelnen Reformvorschläge generell zunächst nur in Teilbereichen umzusetzen und grundlegend zu evaluieren, umso die Effekte empirisch besser abschätzen zu können und mögliche Informationsasymmetrien zwischen Patienten, Krankenhäusern und Krankenversicherungen soweit es geht zu vermeiden.

Literatur

Augurtzky, B., Felder, S., Mennicken, R., Meyer, S., Wasem, J. (2012): Mengenentwicklung und Mengensteuerung stationärer Leistungen, Projektbericht des RWI, Essen.

Bertelsmann-Stiftung (2013): Knieoperationen (Endoprothetik) – Regionale Unterschiede und ihre Einflussfaktoren, Gütersloh.

Blum, K. und Offermanns, M. (2013): Mengenentwicklung im Krankenhaus – die Fakten sprechen lassen, das Krankenhaus, Heft 1, S. 10-16.

CDU, CSU, SPD (2013): Deutschlands Zukunft gestalten – Koalitionsvertrag zwischen CDU, CSU und SPD, Berlin.

Dettloff, M.,Klein-Hitpaß, U., Schmedders, M. (2013): Innovationen im Krankenhaus – Mengenentwicklung versus Nutzenbewertung, in: Klauber, J. (Hrsg.): Krankenhaus-Report 2013, Stuttgart, S. 157-173.

Felder, S., Mennicken, R., Meyer, S (2013): Die Mengenentwicklung in der stationären Versorgung und Erklärungsansätze, in: Klauber, J. (Hrsg.): Krankenhaus -Report 2013, Stuttgart, S. 95-109.

Frank, D. und Roeder, N. (2012): Mengendynamik in den Krankenhäusern – Auch eine gesellschaftliche Frage, Deutsches Ärzteblatt, 109. Jg., Heft 51-52, S. A2580-2584.

Geissler, A., Wörz, M. und Busse, R. (2010): Deutsche Krankenhauskapazitäten im internationalen Vergleich, in: Klauber, J., Geraedts, M. und Friedrich, J. (Hrsg.), Krankenhaus-Report 2010, Stuttgart, S. 25-40.

Heinrich-Böll-Stiftung (2013): «Wie geht es uns morgen?» Wege zu mehr Effizienz, Qualität und Humanität in einem solidarischen Gesundheitswesen, Bericht der gesundheitspolitischen Kommission, Schriften zu Wirtschaft und Soziales, Band 11.

Korff, U. (2012): Von unzureichendem betriebswirtschaftlichen Denken und der klaffenden Schere zwischen Kosten und Erlösen, in: Korff, U. (Hrsg.): Patient Krankenhaus, Wiesbaden, S. 45-53.

OECD (2011): OECD Health Data 2011 (June 2011), stats.oecd.org/index.aspx?DataSetCode=HEALTH_STAT.

OECD (2013): Managing hospital volumes – Germany and Experiences from OECD countries, Paris.

Rochel, B. und Weiser, F. (2012): Bonusregelungen in Chefarztverträgen: Ärztliche Unabhängigkeit in Gefahr, Deutsches Ärzteblatt, 109. Jg., Heft 49, S. A-2450.

Sachverständigenrat für die Begutachtung der Entwicklung im Gesundheitswesen (2012): Sondergutachten 2012 - Wettbewerb an der Schnittstelle zwischen ambulanter und stationärer Gesundheitsversorgung, Bern.

Statistisches Bundesamt (2013): Gesundheit – Grunddaten der Krankenhäuser, Fachserie 12, Reihe 6.1.1, Wiesbaden.

Karl-Heinz Schönbach

Reformbedarf der Versorgungsstrukturen in der GKV - Systemdefekte behindern die Gesundheitspolitik

Was die Erwartungen an die Gesundheitspolitik in der 18. Legislaturperiode anbetrifft, ist eine gewisse Besänftigung eingetreten. Ausgleich kehrt schon ein, weil ohne „rot-grün" eine Bürgerversicherung nicht mehr auf der Agenda steht. Und Grund zu Alarmismus fehlt auch den Protagonisten jener Interessen, die regelmäßig schnell mit „mehr Geld" zu befriedigen sind. Dazu scheinen die wirtschaftlichen Erwartungen schlicht zu positiv. Sind aber ordentliche Umsatzzuwächse durchsetzbar, könnte zu viel politische Aufmerksamkeit nur nachgehenden Widerstand erzeugen. Doch selbst die diesen Beitrag beeinflussenden Forderungen nach mehr Patienten-, Qualitäts- und Teamorientierung in der gesundheitlichen Versorgung treffen auf keine große Bühne. Ihnen kann meist politisch folgenlos zugestimmt werden, soweit sie deklaratorisch bleiben. Denn sie finden ohnehin kaum einen Weg in die komplizierten rechtlichen und ökonomischen Anreizstrukturen des Gesundheitswesens. Garant dafür sind insbesondere die viele Reformen überdauernden, wohl gehüteten Systemdefekte des Gesundheitswesens, die sozusagen in der zweiten Reihe des Reformgeschäfts still überlebt haben. Ihnen soll die ganze Aufmerksamkeit in diesem Beitrag gelten: Angesprochen sind damit insbesondere die Krankenausplanung, die Sektorentrennung, die ärztliche Honorarordnung, die Diskriminierung von Unternehmensformen und der mit diesen Systemdefekten einhergehende übermäßige Spezialisierungsanreiz, der mehr und mehr die Fundamente der hausärztlichen Versorgung gefährdet.

1. Einleitung

Für die 18. Legislaturperiode sind in vielstimmigen Expertengremien einige wohl abgewogene Reformpapiere vorbereitet worden. Zwar herrscht in der UNION seit dem Leipziger Parteitag auch in der Gesundheitspolitik programmatisch Funkstille; zu danken ist aber etwa der Arbeitsgruppe der Böll-Stiftung, die das Papier „Wie geht es uns morgen?"[1] vorgelegt hat. Die Friedrich-Ebert-

---

1 Vgl. Heinrich Böll Stiftung, „Wie geht es uns morgen?", Wege zu mehr Effizienz, Qualität und Humanität in einem solidarischen Gesundheitswesen, Band 11 der Reihe Wirtschaft und Soziales, Berlin 2013.

Stiftung hat diese Arbeit in zwei Kommissionen bzw. Schritten unternommen, mit denen die Papiere „Wettbewerb, Sicherstellung, Honorierung"[2] und „Zukunft der Krankenhäuser"[3] vorgestellt worden sind. Und die unabhängige Zeitschrift „Gesundheits- und Sozialpolitik" hat mit zahlreichen Autoren in zwei Sonderheften versucht, den Reformbedarf und seine Konturen herauszuarbeiten. Im Herbst 2012 erschien dazu ein Schwerpunktheft zur Krankenhausplanung[4], das gezielt Autoren von Bundes- und Landesebene zusammenbracht hat. Und im Herbst 2013 wurde die Doppelausgabe „Zurück zur Reformpolitik"[5] vorgelegt, mit der die Reformfelder aufbereitet wurden.

Bei den genannten Politikentwürfen fällt die Ernsthaftigkeit auf, mit der die Beteiligten ihre Arbeit getan haben. Der Patienten-, Qualitäts- und Teamorientierung in der Gesundheitsversorgung soll tatsächlich ein Weg durch den Paragraphendschungel eröffnet werden. Dazu hatte sich für die gesetzliche Krankenversicherung (GKV) der Idee als wenig nachhaltig erwiesen, den interessenschweren Verkrustungen durch Zulassungs- und Vertragsvorschriften unter Kontrahierungszwang nur mit Öffnungsklauseln beikommen zu wollen. Zwar war die versichertenorientierte Umdeklaration des Wertekanons der Marktwirtschaft auf die Krankenkassen, so der BMG-Ökonom Gunnar Griesewell, publizistisch erfolgreich und hatte Lufthoheit an den Runden Tischen verliehen: Eine „Solidarische Wettbewerbsordnung" entsteht aber auf der Versorgungsseite nicht allein durch Öffnungsklauseln, wenn basale sozial-, vertrags- und berufsrechtliche Teflonschichten jede ernsthafte Öffnung konterkarieren. Von daher gibt es bis auf glückliche Konstellationen keinen Vertragswettbewerb der Krankenkassen ohne adäquate Regulierung: Eine Erkenntnis, die den Sachverständigenrat Gesundheit (SVR-G, vgl. JG 2012) zu Empfehlungen[6] bewegt hat, die dem Einzelvertragsprinzip zunächst an der Schnittstelle „ambulant-stationär" zum Durchbruch verhelfen sollen.

---

2 Vgl. Friedrich Ebert Stiftung: „Wettbewerb, Sicherstellung, Honorierung", Neuordnung der Versorgung im deutschen Gesundheitswesen, WISO Diskurs, April 2013.
3 Vgl. Friedrich Ebert Stiftung: „Zukunft der Krankenhäuser", Mehr Qualität, flächendeckende Versorgung und gerechte Finanzierung, WISO Diskurs August 2013.
4 Vgl. Gesundheits- und Sozialpolitik, Sonderheft zum Reformbedarf der Krankenhausplanung, Baden-Baden (NOMOS), Heft 4 in 2012,
5 Vgl. Gesundheits- und Sozialpolitik, Doppelheft „Zurück zur Reformpolitik", Baden-Baden (NOMOS), Heft 2-3 in 2013.
6 Vgl. SVR, Sondergutachten 2012, Kurzfassung, TZ 183 ff. zu den Wettbewerbsbedingungen an der Sektorengrenze zwischen ambulant und stationär.

2. Vorgehen

Mit diesem Beitrag soll nun versucht werden, vor diesem Hintergrund und insbesondere auf der Grundlage des Beitrages „Modernisierung der Versorgungstrukturen in der Krankenversicherung", den der Autor gemeinsam mit Jürgen Malzahn veröffentlicht hat, eine Art „Orientierungsrahmen" für die Strukturpolitik zu skizzieren. Ziel ist es, in 4 Schritten[7] die Systemdefekte zu benennen, die die am meisten drängenden Probleme im Versorgungsbereich konservieren, und Systemkorrekturen sowie Grundsätze für die Politik und erste Maßnahmen vorzuschlagen, wie sie sich aus den genannten Diskussionen für die weitere Entwicklung der Gesundheitspolitik in den nächsten Jahren ergeben. Dass dies nicht erneut eine wissenschaftlich begründende, das ganze Material transportierende Ausarbeitung sein soll, sondern eine pragmatische Handreichung, versteht sich in diesem Stadium der Diskussion von selbst. Ein Gewinn an Einfachheit, Prägnanz und Klarheit soll der erhoffte Lohn für dieses kleine Wagnis in vier Schritten sein.

Tabelle 1: Thematischer Orientierungsrahmen Schritt 1

	Problem	**Systemdefekt**
1	Übermaß an KH-Standorten	Fortschreibende, nicht leistungs-, sondern bettenbezogene KH-Planung ohne hinreichende Qualitätsindikatoren und Mindestmengen
1	Zunahme ökonomisch induzierter KH-Leistungen	Fortschreibende, nicht leistungs-, sondern bettenbezogene KH-Planung ohne hinreichende Qualitätsindikatoren und Mindestmengen
2	Ungenügende ambulante Nutzung ärztl. und apparativer Kapazitäten der KH	Fehlende systematische Beteiligung der Krankenhäuser ambulant
2	Erschwerter ambulanter Zugang zu Spezialisten	Trennung der ambulanten Behandlung nach Sektoren und in Gebiete
2	Zersplitterung der ambulanten ärztlichen Behandlung	Verrichtungsbezogene ärztliche Honorarordnung
2	Zersplitterung der ambulanten ärztlichen Behandlung	Diskriminierung von Unternehmensformen
3	Zunehmender Mangel an Hausärzten	Übermäßiger Spezialisierungsanreiz

Strukturreformen lassen sich politisch nur mit Problemen begründen, die aus Sicht aller Beteiligten unverkennbar durchgreifende Relevanz für die Versorgung aufweisen. Wird die Diskussion mit Blick auf die Versorgungsstrukturen

---

7 Die Dosis macht das Gift.

zugespitzt, stehen grob drei Probleme im Vordergrund: Im stationären Bereich (1) treffen wir bei beträchtlichen Reserven einer qualitätsfördernden Spezialisierung auf ein Überangebot an Standorten, an denen eine inzwischen nicht mehr primär medizinisch, sondern erkennbar ökonomisch induzierte Vermehrung von Leistungen vor sich geht. Im fachärztlichen Bereich (2) entwickelt sich ein Run auf die Massenproduktion medizinischer Verrichtungen bei gleichzeitigen Zugangsproblemen für Kranke. Und an der Versorgungsbasis (3) könnte sich insbesondere in strukturschwachen Regionen ein zunehmender Mangel an Hausärzten ergeben: Was ist in der Versorgungspyramide passiert?

1. Das allseits als erfolgreich anerkannte stationäre Vergütungssystem mit indikationsorientierten Fallpauschalen hat die traditionell bettenorientierte Krankenhausplanung schlicht überrollt. Die Krankenhäuser haben in den letzten Jahren einen Produktivitätssprung geschafft, mit dem sie trotz Fallvermehrung rigide auf einer durchschnittlichen Auslastung ihrer Kapazitäten bei 75 Prozent verharren. Da Marktaustritte hohe materielle und immaterielle Kosten verursachen, ziehen es zahlreiche Kliniken entgegen der ökonomischen Logik vor, bei unveränderten oder sogar abnehmenden Entgelten je Leistung „mehr Leistungen" zu erbringen. Diese ökonomisch „nicht erwartete" Reaktion wird vom Management mit medizinisch fragwürdigen, ökonomisch formulierten Zielvereinbarungen für Chefärzte initiiert. Ihre Skandaloberfläche ist allgemein bekannt geworden und wird von den Ärztekammern offen beklagt. Im Ergebnis kommt der mit dem DRG-System initiierte Produktivitätssprung nicht der Versorgung zugute, sondern wendet sich unter Erosion von Indikationsgrenzen gegen die Versorgungsqualität. Die Rahmenbedingungen aus der Gesundheitspolitik der Länder mit nachvollziehend fortschreibender Krankenhausplanung mit sinkender Investitionsfinanzierung ignorieren die Zusammenhänge komplett.
2. Ein systematisches Einbringen „eigentlich" verfügbarer stationärer Kapazitäten in die ambulante fachärztliche Versorgung findet bisher nicht statt. Entweder ist die Zustimmung der Kassenärztlichen Vereinigung erforderlich oder – wie beim alten § 116b SGB V – eine jeweilige Einzelentscheidung des Landes. Dies konserviert nicht nur auch von dieser Seite das ökonomische Auslastungsproblem der Krankenhäuser. Vielmehr leidet versorgungspolitisch der Zugang schwerwiegend kranker Patienten zu teamorientiert arbeitenden Spezialisten. Wegen der Zersplitterung der vertragsärztlichen Versorgung finden sie dort kaum eine Alternative. Dies ist Ausdruck einer wenig patientenorientierten Angebotsstruktur der vertragsärztlichen Versorgung.

Die zu kurz gesprungenen Neuregelungen des Versorgungsstrukturgesetzes zu einer „spezialfachärztlichen" Versorgung bleiben bisher unwirksam. Von daher scheint es weiter uneingeschränkt attraktiv, sich als spezialisierter fachärztlicher Einzelkämpfer niederzulassen. Welche Leistungen in welcher Häufigkeit dann im fachärztlichen Sektor erbracht werden, entscheidet sich weniger an der Dringlichkeit von Patientenproblemen und dem Nutzen ärztlicher Verrichtungen für den Patienten als an der Attraktivität ihrer jeweiligen Vergütung. Denn anders als im stationären Bereich spielen nur für die ambulante „Gesamtvergütung" Morbiditätskriterien zumindest marginal eine Rolle, nicht aber für den Vergütungsmaßstab und die Honorarverteilung. Mit anderen Worten: Für die Bereitstellung zusätzlicher Finanzmittel werden Artefakte einer veränderten „Morbidität" der Patienten herangezogen. Ein solcher Patientenbezug wird jedoch bei der Honorierung selbst strikt vermeiden.

3. Über- und Fehlversorgung jenseits der hausärztlichen Versorgung finanzieren mithin fortgesetzt ökonomische Spezialisierungsanreize. Der Hausarzt, der sich tatsächlich unmittelbar am jeweiligen Patientenproblem orientieren und präsent sein muss, statt in hoher Zahl spezialisierte Verrichtungen zu organisieren, erscheint ein bedauernswerter Fall. Das kann nicht im Sinne der Gesetzlichen Krankenversicherung sein.

Als Nutzen dieser zugespitzten Darstellung wächst schon im 1. Schritt die berechtigte Einsicht, dass etwa ein beginnendes Hausarztproblem nicht mit „mehr Geld" für Hausärzte zu lösen ist. Maßnahmen gegen die stationäre Überversorgung und die Bedarfsunabhängigkeit fachärztlicher Leistungen müssen hinzukommen.

Tabelle 2: Thematischer Orientierungsrahmen Schritt 2

	Systemdefekt	Verstärker
1	Planungsproblem: fortschreibende, nicht leistungs-, sondern bettenbezogene KH-Planung	Föderalismusproblem: Land plant, Bund zahlt Krankenhäuser als Teil regionaler Wirtschaftsförderung
	ohne hinreichende Qualitätsindikatoren	Inflexibilität der Kollektivverträge und fehlende (Regulierungsrahmen für) Selektivverträge
2	Fehlende systematische ambulante Beteiligung der Krankenhäuser	Mangelnde Qualitätstransparenz und somit Nachfragekompetenz v. Kassen und Patienten
	Trennung der ambulanten Behandlung nach Gebieten u. Sektoren	Gebietsschutz für niedergelassene Ärzte und verzerrte (duale) Finanzierung der KH

	Systemdefekt	Verstärker
3	Verrichtungsbezogene ärztl. Honorarordnung	Duales Honorarsystem EBM versus GOÄ
	Diskriminierung von Unternehmensformen	KV mit Verhandlungs- u. Verteilungsmonopol
	Übermäßiger Spezialisierungsanreiz	Niederlassung von Fachärzten auf Hausarztsitzen

Die in Schritt 1 gekennzeichneten Probleme sind für die Reformgesetze der letzten Jahrzehnte unerreichbar geblieben. Ursache dafür sind im Kern grundlegende Interessengegensätze der Akteure auf der Systemebene. Daher kann getrost von Systemdefekten gesprochen werden, die mit nachhaltigen Verstärkern verknüpft sind. Dem geht Schritt 2 nach:

1. Die stationäre Versorgung gehört zum Sicherstellungsauftrag der Länder für Einrichtungen der allgemeinen Daseinsvorsorge. Leistungen der Krankenhäuser, die sie in ihren Krankenhausplan aufnehmen, sind von den Krankenkassen zu finanzieren.

    a. Mit zunehmender Verschuldung der öffentlichen Hand und seit der Deutschen Einheit ziehen sich die Länder fiskalisch aus der Investitionsfinanzierung „ihrer" Krankenhäuser zurück. Die Länder konkurrieren jedoch um Umsätze, die vor Ort Arbeitsplätze und Steuererträge schaffen. Dabei werden die Benutzerentgelte weithin von überbereichlichen Krankenkassen und inzwischen aus dem bundesweiten Gesundheitsfonds finanziert werden. Stationäre Überkapazitäten widersprechen den Landesinteressen mithin keineswegs. Von daher folgen die Krankenhauspläne der Länder ungeachtet ihrer Finanzierungszurückhaltung den einzelwirtschaftlichen Entscheidungen der Krankenhäuser und schreiben sie ihrerseits fort. Die Investitionen müssen die Krankenhäuser dann mit steigenden Umsätzen finanzieren.

    b. Seit sich die Krankenhauslandschaften unter dem Wettbewerbseinfluss des DRG-Systems strukturell erheblich wandeln, erkennen die Krankenhäuser eine „strukturierte" Fortschreibung als störend. Die Länder sind daher dazu übergegangen, ihre Vorgaben allgemeiner zu fassen und nicht mehr auf Abteilungsebene herunter zu brechen. An deren Stelle sind aber keineswegs die erforderlichen qualitativen, bedarfsorientierten und die Arbeitsteilung der Krankenhäuser unterstützenden Vorgaben getreten. Fusionen, Bettenabbau, Fallvermehrung und Leistungsexplosion der Krankenhäuser sind mithin Ergebnis einer im Kern ungesteuerten Entwicklung aus dem

DRG-System heraus. Dabei erweisen sich Leistungen mit hohem, rationalisierbaren Sachkostenanteil oder mit einem die Fallschwere erhöhendem Risikopotential keineswegs als unattraktiv. Während Patienten ambulant auf einen Facharzttermin oder den Platz beim Psychotherapeuten lange Wartezeiten in Kauf nehmen müssen, sind Herzkatheter, Hüftgelenke oder risikoreiche Wirbelverblockungen ohne jede Wartezeit zu haben. Für das Leistungsgeschehen gewinnt das Vergütungssystem aufgrund der entwerteten Planung mithin immer höheren Einfluss. Aber das Vergütungssystem entsteht fernab von jeder „Verantwortung für die Daseinsvorsorge" in einem technokratischen Institut - und das macht sicherlich einen exzellenten Job. Nur die Frage nach einer bedarfsgerechten Versorgung kommt dabei so gar nicht vor: Die Länder sprechen heute selbstkritisch von einer Merkantilisierung der Krankenhäuser.

2. Zwar haben auch heute schon mehr Patienten ambulant Berührung mit dem Krankenhaus als stationär. Dessen ungeachtet gründet die ambulante Beteiligung der Krankenhäuser immer noch auf eine Reihe ungeordneter Sonderstatuten zur Behebung vertragsärztlicher Versorgungsdefizite. Die jeweiligen Sonderregelungen eröffnen den Zugang ambulanter Patienten zum Krankenhaus und andere regeln die Vergütung. Lediglich beim Ambulanten Operieren gibt es eine Art Chancengleichheit, wenngleich auch hier fehlende Vertragsrechte der Krankenkassen keinen qualitätsorientierten Wettbewerb ermöglichen.

Gleichwohl bleibt das Krankenhaus der Ort, an dem sich der Patient im Bedarfsfall einem Team von Spezialisten anvertrauen kann. Diese Sicherheit wird er in der ambulanten Versorgung vermissen. Leistungsbeschreibungen und Vergütung sind nicht am Patientenproblem und dem zu erwartenden Aufwand orientiert, bei dem Ärzte und Nichtärzte zusammenarbeiten. Maßstab ambulant ist vielmehr weiterhin die jeweilige ärztliche Verrichtung und ihre Vergütung in der Einzelniederlassung: Teams lockt dieses Prinzip in der Versorgung nicht hervor. Gerade der schwerwiegend erkrankte Patient bleibt so darauf angewiesen, sich die Versorgung zu erlaufen. Ratschläge, wenn sie denn bei Überweisungen erbracht werden, geraten rechtlich bald in die Zone der Korruption, und Terminfolgen entziehen sich jeder Koordination. Allenfalls die Renditeinteressen der Immobilienbranche unterstützen heute sinnvolle Praxis-Cluster. Versorgungskonzepte fehlen weithin, auch wenn die Leitlinien von Fachgesellschaften schon medizinisch über den Tellerrand schauen. Organisatorische Leitplanken für die Versorgung finden sich zumindest für eine Handvoll chronischer Erkrankungen (DMP), ansonsten hofft der Patient auf den guten Arzt. Gott sei Dank meist erfolgreich.

Anders als der Begriff einer „morbiditätsbezogenen ambulanten ärztlichen Gesamtvergütung" erwarten lässt, wird die ambulante Versorgung weiterhin von einem standespolitischen Honorarverteilungssystem beherrscht. Die Gesamtvergütungen knüpfen an historischen Leistungsmengen in Punkten an, die mit den gemessenen Änderungen der Diagnosekodierung im Gebiet der jeweiligen KV fortgeschrieben werden. Kodierregeln dafür bestehen nicht. Will man gleichwohl von einem Fortschritt sprechen, endet er bei der Honorarverteilung. Außer für Einzelleistungen werden vier Fünftel der Vergütungen als kontaktbezogene Pauschalen ausgeschüttet. Anders als stationär besteht eine Verknüpfung der Honorarflüsse mit der patientenbezogenen Morbidität nicht. Es zählt, was für die Wirtschaftlichkeitsprüfung unkritisch abgerechnet werden kann. Der Arzt mit vielen kränkeren Patienten oder Patienten mit unklarem Befund hat ein Problem, während dem anderen unkritische Verrichtungen in hoher Zahl vergütet werden.

Demgegenüber bedarf es für zahlreiche schwerwiegende Erkrankungen umfassenderer Versorgungsaufträge mit der entsprechenden Vergütung. Die seit 2004 gesetzlich geforderten ambulanten „Komplexgebühren" sind aber bis heute nicht umgesetzt. Und die „spezialfachärztliche Versorgung" des VStG versickert quer zu endlosen Debatten im G-BA in den tradierten Vertragsstrukturen. Der neue „Versorgungstypus" wird ärztlich wegverhandelt, auch weil er Bedarfsplanung und Verträge schlicht ausgespart hatte. Die Protagonisten sind zutiefst ernüchtert. So ist die spezialfachärztliche Versorgung auf die („intersektorale") Zone zwischen Krankenhaus und vertragsärztlicher Versorgung verwiesen: Kollektivverträge greifen hier nicht, und Einzelverträge sind bisher nicht gewollt.

Ein weiterer, hinter den Kulissen wirksamer Systemdefekt behindert die Entwicklung der GKV an dieser Stelle: Die parallele Vergütung nach GOÄ und EBM. Würde, ähnlich der Nutzenbewertung beim AMNOG, die spezialärztliche Versorgung reüssieren, wäre der vom G-BA qualifizierte Leistungsumfang den Privatpatienten politisch kaum vorzuenthalten. Für die wie in der GKV definierte, medizinisch der GOÄ überlegene Teambehandlung dann in der PKV das Doppelte zu bezahlen verböte sich für die PKV nicht nur angesichts der Finanzlage. Die Zurückhaltung der Ärzte im G-BA wird sicherlich zumindest bis zu einer Koalitionsvereinbarung gelten. Man darf erwarten, dass sich an dieser Stelle niemand ins eigene Fleisch schneiden wollte:

a. Heute bezahlt die PKV Unwirtschaftlichkeiten (Labor) und übermäßige Abrechnung, um einen Imagevorteil zu behaupten, den sie nur noch mit

Mühe finanzieren kann. Die Grundlage dafür bildet eine weithin ungezügelte, verrichtungsbezogene Einzelleistungsvergütung.

b. Die GKV leistet Gesamtvergütungen an die Kassenärztliche Vereinigung, die zu vier Fünfteln in Form von kontaktbezogenen Pauschalen verteilt werden dürfen. In zahlreichen Facharztgruppen nimmt der PKV-Umsatz seither weiter zu, weil die zwar deutlich steigende, aber pauschale Vergütung der GKV dem Arzt genug Zeit belässt, um den 10 Prozent PKV-Patienten 40 bis 50 Prozent seiner Zeit zu reservieren und zugunsten der Barkasse IGEL-Leistungen zu erbringen.

c. Im Ergebnis haben sich die Wartezeiten der GKV-Versicherten in der letzten Legislaturperiode trotz 20 Prozent höherer Reinerträge der Facharztpraxen nicht verringert. Welchen Zeitanteil Fachärzte tatsächlich auf GKV- oder PKV-Patienten verwenden, kann den Abrechnungsdaten nicht entnommen werden. Abrechnungsklarheit und Abrechnungswahrheit geben etwa bei „Transparency" zu den wildesten Spekulationen Anlass.

d. Eine Harmonisierung der ambulanten Honorarsysteme wird erwartet. Ginge sie einem schlüssigen Wettbewerb der Versicherungssysteme voraus, sanierte der Gesetzgeber so nur die PKV auf Kosten des Solidarsystems. Unter so mangelhaften Voraussetzungen wäre einer Harmonisierung überlegen, wenn der BMG als Verordnungsgeber nach 20 Jahren Stillstand seiner Verpflichtung nachkäme, die GOÄ medizinisch und ökonomisch auf den Stand der Kunst zu bringen.

3. Für die hausärztliche Versorgung bewegt sich der GKV-Umsatzanteil mit rund 80 Prozent ebenso im Rahmen des Erwarteten wie bei den Kinderärzten. Ausschlaggebend dafür dürfte allein schon der höhere Patientenbezug der hausärztlichen Tätigkeit sein. Inzwischen ist es aber keine Ausnahme mehr, wenn frei werdende Hausarztsitze insbesondere in Ballungsräumen von Fachärzten besetzt werden, die für hausärztliche Tätigkeiten zugelassen werden. Erbringen sie gleichwohl weiter fachärztliche Tätigkeiten, sollen ihre Vergütungen künftig keine Hausarztzulagen mehr aufweisen. Die Zulassung selbst an die Erfüllung hausärztlicher Tätigkeiten zu binden wird dagegen bisher nicht erwogen. Demgegenüber sollte grundsätzlich die private Verkäuflichkeit von Sitzen vermieden werden, die erst durch eine öffentliche Bedarfsplanung an Wert gewinnen. Ebenso kann es nicht weiter angehen, dass bei der privaten Entschädigung von Sitzen, die in einem Bezirk wegen Überversorgung entfallen sollen, der Ertragswert des PKV-Umsatzes öffentlich mit Beitragsgeldern der GKV aufgewogen wird.

Was wir sonst vom Hausarzt sagen können, ist, dass zu viel von ihm erwartet wird. Soll der Hausarzt von der Behandlung über die Verordnung zur Überweisung und Koordination alles können, was er tun soll, bedarf es ohne jeden Zweifel weit über den Einzelkämpfer hinausgehender kooperativer Strukturen und unterstützender Leistungen. HzV-Verträge bieten nur eine Option dafür, wenn sie wettbewerblich bleiben.

Tabelle 3: Thematischer Orientierungsrahmen Schritt 3

	Problem	Systemkorrektur	
1	Übermaß an Krankenhausstandorten	Leistungsorientierte u. populationsbezogene KH-Planung mit Qualitätsindikatoren und Standards für die Erreichbarkeit	Spezialisierungsvorteile bei Notfallstandorten berücksichtigen
	Zunahme ökonomisch induzierter KH-Leistungen		Sicherstellende Vertragspflicht der Krankenkassen für elektive stationäre und (erweiterte) spezialärztliche ambulante Leistungen
2	Ungenügende ambulante Nutzung ärztlicher und apparativer KH-Kapazitäten	Sektorenübergreifende Versorgungsplanung	
	Erschwerter ambulanter Zugang zu Spezialisten		Einheitliche, indikationsbezogene Vergütung spezialisierter ambulanter Leistungen
	Zersplitterung der ambulanten ärztlichen Behandlung	Teamadäquate Unternehmensstrukturen	2. Option für hausärztliche Internisten
3	Zunehmender Mangel an Hausärzten	Fortdauernde Zulassungsbindung an Hausarztaufgaben	

Der anschließende 3. Schritt dieser Betrachtung wird strategische Ansätze einschließen müssen, mit denen sich die Gesundheitspolitik von den Systemdefekten entfernen kann, um schließlich in einem 4. Schritt anzudeuten, wie solche Korrekturen umgesetzt werden können. Der 5. Schritt zeigt dann das Gesamttableau, vorgestellt mit allfälligen Notizen zur gebotenen politischen Bescheidenheit. Zunächst aber grob zu den notwendigen Korrekturen in Konsequenz des bisher Dargestellten:

1. Für die stationäre Versorgung ist ein Übergang von der abteilungs- und bettenbezogenen Kapazitätsplanung zu einer populations- und morbiditätsbezogenen Versorgungsplanung nach Leistungen zwingend.

   a. Dabei sollten auch für die Notfallversorgung Qualitätskriterien in die Planung eingehen und Spezialisierungsvorteile genutzt werden. Die modernen Rettungssysteme geben dafür höhere Spielräume, als sie bei der historischen Entstehung der meisten Krankenhausstandorte zugrunde gelegt werden konnten.
   b. Bei den für ihre Inanspruchnahme planbaren Leistungen sollte die wohnortnahe Erreichbarkeit stärker als bisher mit Spezialisierungsvorteilen aufzuwiegen und diese tatsächlich auch planerisch durchzusetzen. Mehr als zwanzig kinderherzchirurgische Standorte in Deutschland ermöglichen nicht die Qualität der Versorgung, die Eltern mit allem Recht der Welt für ihre kranken Kinder verlangen.
   c. Und die ambulante Behandlung der Krankenhäuser sollte schrittweise chancengleich mit der entsprechenden ambulanten Behandlung zu regeln. Unklare Relikte wie „teilstationäre" Behandlung können entfallen. Stattdessen sind für gleiche ambulante Versorgungsaufträge unabhängig von der Trägerschaft gleiche Voraussetzungen zu schaffen.

2. Der vom Sektorendenken befreite Teil der ambulanten Versorgung, der weder der stationären, noch der vertragsärztlichen Versorgung zuzuordnen ist, darf jedoch keinem ordnungspolitischen Vakuum ausgeliefert werden. Wird eine sektorenübergreifende Versorgungsplanung für einen solchen, sich erweiternden Korridor der spezialärztlichen Versorgung aufgesetzt, ist zunächst eine Verbindung auf der Planungsebene dadurch herzustellen, dass auch ambulant „Leistungen geplant" werden und nicht etwa nach historischen Maßen „Sitze verteilt" werden. Erforderlich werden mithin

   a. eine populationsbezogene Versorgungsplanung für Planungsbezirke (erwarteter Bedarf an Leistungen in einem Planungsbezirk),
   b. eine patientenbezogene Definition der Versorgungsaufträge (möglichst koordiniert zu erbringender Leistungsumfang).
   c. und eine sektorenübergreifende vertragliche Sicherstellung der Versorgungsaufträge außerhalb der klassischen Zulassungs- und kollektiven Vertragssysteme.

Patientenbezogenen Angebots- und Teamstrukturen können auf dieser Grundlage schrittweise erreicht werden. Sie entstehen nicht über Nacht. Da wegen der sektorenunabhängigen Rahmenbedingungen Kollektivverträge nicht in Betracht kommen und „keine" Verträge (VStG) keine Lösung sind, müssen für die Umsetzung neue Wege gegangen werden.

Der Sachverständigenrat Gesundheit (SVR-G) hat dazu in seinem Jahresgutachten 2012 eine Umsetzung mit Einzelverträgen der Krankenkassen empfohlen, die nach gleichen ordnungspolitischen Vorgaben und Anforderungen geschlossen werden und Anreize für einen Qualitätswettbewerb geben, während die Preisebene etwa durch ein DRG-ähnliches leistungsbezogenes Vergütungssystem getragen werden kann.

Neben der Verbindung einer sektorenunabhängigen ambulanten Versorgung auf der Planungsebene (Leistungen) ist eine Verbindung auf der Vergütungsebene (indikationsbezogene Fallpauschalen) erforderlich, um ein chancengleiches Miteinander der Leistungserbringer zu ermöglichen. Verdeutlicht wird die Stellung der „sektorenunabhängigen Versorgung" im folgenden Schema:

Abbildung 1: Sektorenunabhängige Versorgung

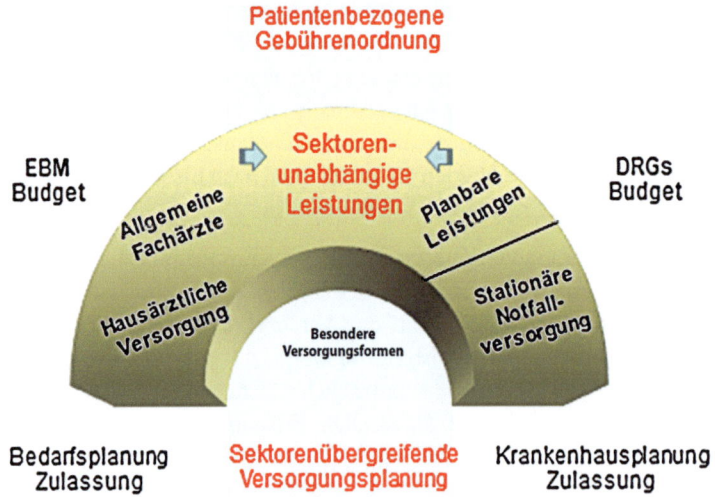

Quelle: Eigene Darstellung

Demgegenüber wird eingewandt, mit Einzelverträgen habe der Gesetzgeber bisher keine guten Erfahrungen gemacht. Schnell fallen Akronyme wie HzV und SAPV. Entsprechend ist zu berücksichtigen, dass eine einzelvertragliche Sicherstellung eine dezidierte regionale Versorgungsplanung erfordert, eine daraus abgeleitete einheitliche Vertragspflicht der Krankenkassen und eine einheitliche regionale Aufsicht. Von einer einheitlichen Leistungspflicht und Gebührenordnung wird ausgegangen. Unter diesen Voraussetzungen kann „bei Überversorgung" der populationsbezogene Bedarf kontrahiert werden, ohne dass einzelne Anbieter a priori ausscheiden müssten. Ab einem bestimmten Grad von „Unterversorgung" müssten einzelvertragliche Versorgungsaufträge gemeinsam vergeben werden, um eine allgemeine Sicherstellung zu erreichen.

3. Eine solche schlüssig vom Sektorendenken befreite Vertrags- und Vergütungslandschaft könnte zur Bildung patientenbezogener Versorgungsstrukturen führen, zumal wenn nicht länger einzelne Unternehmensformen rechtlich diskriminiert werden. In einem Qualitätswettbewerb wären die Patienten in der Lage, qualitativ überlegene Angebote zu bevorzugen. Die Krankenkassen hätten einer solchen Abstimmung unter Qualitätsgesichtspunkten durch Verträge und Information bzw. Beratung zu folgen bzw. den Weg zu bahnen. Dezidierte ambulante Zentren hätten eine Chance. Sie entsprechen im Übrigen auch der von Ärztinnen und Ärzten individuell gewünschten arbeitsteiligen und mit ihren Werte- und Familienpräferenzen in Einklang stehenden Arbeitsorganisation. Der Arzt männlich autoritäre Art als Einzelkämpfer und Kleinunternehmer ist eine Figur aus dem schwarz-weiß Fernsehen.

Da die Krankenhäuser Teile der spezialisierten fachärztlichen Versorgung übernehmen und von daher die Bedingungen für spezialisierte Einzelkämpfer weniger attraktiv erschienen, sollte der Spezialisierungsanreiz insgesamt gedämpft werden. Internisten wäre ggf. erneut ein Wahlrecht zugunsten hausärztlicher Versorgungsaufträge einzuräumen. Die hausärztliche Tätigkeit insgesamt sollte so an ärztlichem Zuspruch gewinnen. Wie anderes als in einem systemisch gefassten gesundheitspolitischen Ansatz wäre dies zu erreichen?

Eine nur sektorenfokussierte Gesundheitspolitik kommt gar nicht in die Nähe eines Lösungsweges. Gern wird dann eingewandt, die ambulante Beteiligung der Krankenhausärzte treibe die ambulanten Kosten und fülle zusätzlich Krankenhausbetten. Dem liegt die traditionelle Sicht zugrunde, mit Sektorengrenzen ließen sich Kosten begrenzen. Dabei sind die Leistungen auslösenden und abrechnenden Entscheider ambulant wie stationär Ärzte. Produzieren sie keine ambulanten Leistungen, so produzieren sie stationäre

Leistungen. Ohne eine Bedarfsplanung nach „Leistungen" und ohne daran geknüpfte Grenzen des Kontrahierungszwangs für Krankenkassen bieten Sektorengrenzen zumindest an der falschen Stelle vor allem Sektorenprobleme in der Versorgung. Und die Frage nach der Zuhilfenahme eines Bettes ist schon lange keine sinnvolle Abgrenzung mehr.

Die Stichworte der Reformdiskussion gelten einer vergleichsweise komplexen Materie. Wenn es nun im 4. Schritt um „Grundsätze und Maßnahmen" geht, fließen sicherlich Interessengesichtspunkte ein. Das ist einzuräumen. Denn in der Regel entzieht sich die Gesundheitsverwaltungswirtschaft durch eine interessenbasierte Diskussion mit frei oszillierenden Spezialisierungsgraden einer kritischen Beurteilung. Aber immerhin dürfen die versorgungspolitischen Interessen von Krankenkassen als versichertennah gelten. Es beschäftigt von daher der zentrale Aspekt, ob und wenn ja welche zentralistischen Vorgaben oder Wettbewerb es braucht, sollen die vorgenannten Probleme überwunden werden.

(1) Richtlinien des G-BA zur Versorgungsplanung

Für den stationären Sektor wird ein neues, gestuftes System der Krankenhausplanung benötigt. Dem Grundsatz der Einheitlichkeit der Lebensverhältnisse folgend und weil der Gesundheitsfonds eine Finanzierung nach bundeseinheitlichen Maßstäben sicherstellt, sollten die stationären Angebotsstrukturen als Zielgröße mit Populationsbezug bundesweit empfohlen und aktualisiert werden. Allein schon aufgrund des leistungsbezogenen Vergütungssystems sind auch die Angebotsstrukturen leistungsbezogen zu formulieren. Wie die Angebotsstrukturen krankenhausbezogen konkret zugeschnitten werden, bleibt dezentralen Entscheidungen überlassen. Je nach spezialisierungsnotwendiger Mindestgröße sind zudem bundeseinheitlich die Planungsmaßstäbe differenzierende Zeitspannen der Erreichbarkeit als Orientierungsgröße festzulegen. Diese Aufgabe sollte der Gesetzgeber nach wissenschaftlicher Aufbereitung dem Gemeinsamen Bundesausschuss zur Beratung für Richtlinien übertragen.

Tabelle 4: Thematischer Orientierungsrahmen Schritt 4

	Systemkorrektur		Grundsatz i. V. m. Maßnahme	
Leistungsorientierte und populationsbezogene KH-Planung mit Qualitätsindikatoren und Standards für die Erreichbarkeit	Spezialisierungsvorteile bei Notfallstandorten berücksichtigen	Einheitliche, gemeinsame Verträge mit zugelassenen KH	Vergütung von patientenbezogenen Leistungen nach dem DRG-Prinzip	Richtlinien des G-BA zur KH-planung / Rahmenplanung des Landes / Entscheidungen der Landes-Vertragspartner mit Landesaufsicht
	Sicherstellende Vertragspflicht der Krankenkassen für elektive stationäre und (erweiterte) spezialfachärztlich ambulante Leistungen	Einheitliche, Vertragspflicht der jeweiligen Krankenkasse nach der Versorgungsplanung des Landes unter bundeseinheitlichen Kriterien	auch als (Ziel) Maßstab für die ambulante Versorgung	Monistische Finanzierung - Marktaustrittshilfen für KH erforderlich
Sektorenübergreifende Versorgungsplanung	Einheitliche, indikationsbezogene Vergütung spezialisierter ambulanter Leistungen	Komplexes Patientenproblem als Leistungsgegenstand		(Ziel-) Förderung spezialisierter ambulanter Einrichtungen mit fachärztlichen Teams für dezidierte Krankheitsbilder (Rheuma, MS, Onkologie, etc.)
Teamadäquate Unternehmensstrukturen	2. Option für hausärztliche Internisten	Wohnortnahe Fachärzte wie Hausärzte als Primärärzte		
Fortdauernde Zulassungsbindung an Hausarztaufgaben		Weitergehende Anstellungs- und Delegationsbefugnisse innerhalb der Hausarztpraxis gem. Versorgungsauftrag		

(2) Rahmenplanung des Landes

Die eigentliche Sicherstellung der medizinischen Versorgung ist eine Aufgabe öffentlicher Daseinsvorsorge der Länder, die auf dem Sozialstaatsprinzip beruht. Sicherzustellen ist eine bedarfsorientierte Versorgung, wobei die Selbstverwaltung gemeinsam mit den Ländern die Rahmenplanung erstellt. Sie erstreckt sich auch auf die spezialisierten ambulanten Leistungen, die sektorenunabhängig geplant werden. Über die Richtlinien des Bundesausschusses hinaus hat das jeweilige Land dabei regionale Besonderheiten aufgrund der regionalen Morbidität und komplementärer Angebotsstrukturen sowie der regionalen Bevölkerungsdichte und Verkehrsinfrastrukturen zu berücksichtigen. Für eine stationäre Rahmenplanung sind folgende Bereiche zu unterscheiden:

a. Notfallversorgung mit einer qualitativ definierten Erreichbarkeit: Hier bietet sich der Rückgriff auf die in den Rettungsdienstgesetzen der Länder festgelegten Hilfsfristen an. So wird im Hessischen Krankenhausrahmenplan die Notfallversorgung als enge Verzahnung zwischen Rettungsdienst und Krankenhaus beschrieben. Die Regelentfernung zwischen Notfallort und Krankenhaus sollte 15 bis 25 km betragen. Somit ergeben sich rechnerisch ca. 35 km als Entfernung zwischen Notfallkrankenhäusern.
b. Medizinische Hochschulstandorte der Länder: Auch wenn Uniklinika zum Teil überwiegend Krankheitsbilder behandeln, die mit geringerem Ressourceneinsatz ebenso gut und wohnortnäher von Krankenhäusern der Grund- und Regelversorgung versorgt werden könnten, haben die Länder für diese Krankenhäuser eine besondere Verantwortung. Daher werden die Universitätskrankenhäuser von allen folgenden Regelungen ausgenommen und nur bei der Planung der Notfallversorgung berücksichtigt.
c. Medizinische Leistungsbereiche für einheitliche und gemeinsame Versorgungsverträge: Neben der Notfallversorgung ist es für bestimmte Krankheitsgebiete sinnvoll, wenn sie von allen grundsätzlich geeigneten Krankenhäusern unter Beibehaltung einer vollständigen Vertragspflicht der Krankenkassen erbracht werden können. Allerdings sollten hier Qualitätsvorgaben des G-BA oder anderer maßgeblicher Institutionen die Eignung mit ausschließendem Charakter bei Nichterfüllung untermauern, damit die Qualitätsvorgaben angemessen berücksichtigt werden.

(3) Einheitliche Vertragspflicht der Krankenkassen

Im Hinblick auf den populationsbezogen geplanten „elektiven" Teil der stationären Leistungen, die nicht einheitlich und gemeinsam kontrahiert werden, sollte ebenso wie für die sektorenunabhängig geplanten spezialisierten ambulanten Leistungen eine Umsetzung mit Einzelverträgen der Krankenkassen vorgesehen werden. Wie nun mehrfach angeführt, hat der SVR-G 2012 eine Neuordnung und einzelvertragliche Umsetzung der im Krankenhaus und vertragsärztlich chancengleich möglichen ambulanten Behandlung gefordert. Es brauchte dazu allerdings eine sektorenunabhängige Rahmenplanung nach „Leistungen", statt eiern Zulassung nach Sitzen, und für den Bedarfsnotwendigen Kern der Versorgung einer Vertragspflicht der Krankenkassen. Sie gewährleistet die Sicherstellung der Versorgung und ermöglicht den Versicherten jeder Krankenkasse umfangreiche Wahlentscheidungen. Überschreiten die angebotenen Leistungsmengen den Korridor der Rahmenplanung, sollte für die jeweilige Krankenkasse zunächst eine Vertragspflicht gelten, die auf einen Anteil des Gesamtangebots begrenzt wird. Die Auswahl hat dann unter Beachtung von Qualitätskriterien zu erfolgen. Zweifellos sollte der Vertragskorridor aber auch einen begrenzten Preiswettbewerb der Anbieter ermöglichen.

Für die sektorenunabhängige Versorgungsplanung spezialisierter ambulanter Leistungen macht es keinen Sinn, zwischen der ambulanten und stationären Erbringung in verschiedenen Trägerformen zu unterscheiden. Solche Unterscheidungen sorgen heute dafür, dass zum einen das ambulante Behandlungspotential in den Krankenhäusern bei weitem nicht ausgeschöpft wird. Ein hoher Anteil der Krankenhausfälle vermeidet heute nicht aus medizinischen, sondern aus vergütungsrechtlichen Gründen Sichtkontakt zur unteren Grenzverweildauer. So hat etwa der Anteil der Kurzlieger an allen Fällen unter dem Effizienz-Einfluss des DRG-Systems weiter auf rund 38 Prozent zugenommen. Zum anderen bliebe die mögliche Ambulantisierung der Versorgung mit spezialisierten ambulanten Zentren weiter hinter dem Möglichen zurück.

(4) Entwicklung des ambulanten Vergütungssystems

Vom Grundsatz her sollten nicht einzelne ärztliche Verrichtungen und Diagnose- bzw. Therapieschritte sollen das tragende Ordnungsprinzip bilden, sondern die indikations- und patientenbezogenen Behandlungsanlässe, von evidenzbasierten Leitlinien begleitet, klassifiziert nach Hauptdiagnosen, Nebendiagnosen und Schweregraden. Diesen Behandlungsanlässen wird der für sie regelmäßig anfallende Behandlungsbedarf zugeordnet, der den mit Hilfe von Kalkulationspraxen unabhängig festgestellten betriebswirtschaftlich erforderlichen Aufwand der Leistungen abbildet. Für Einzelleistungen, die im Einzelfall erforderlich, aber nicht regelmäßig einzukalkulieren sind, werden unter qualitativen medizinischen und erst in letzter Hinsicht ökonomischen Gesichtspunkten

Abrechnungsvoraussetzungen formuliert. Insgesamt soll die Vergütung dem morbiditätsbedingten Behandlungsbedarf folgen, also den Bedarf des Patienten widerspiegeln. Bei der Weiterentwicklung der Vergütungsordnung darf sich dieses (Ziel-)Prinzip nicht wie bisher nur auf die Weiterentwicklung der Gesamtvergütungen beschränken, sondern muss sich auch so weit wie möglich in der bedarfsgerechten Verteilung der Mittel an die Arztpraxen ausdrücken.

In diesem Sinne sollen die Abrechnungsbestimmungen und ökonomischen Anreize sich an der Förderungswürdigkeit der zu erbringenden Leistungen ausrichten. Bei den Hausärzten gilt es dabei insbesondere, der Versorgung chronisch kranker Patienten durch indikationsbezogene Zuschläge Rechnung zu tragen. In der spezialärztlichen Versorgung gilt es, komplexe Erkrankungen mit dokumentierter Einschlussdiagnose angemessen zu versorgen. Dabei muss der Zugang der Patienten zur Versorgung jeweils unabhängig von Einkommen und Sozialstatus erfolgen können. Allein pretial induzierte Leistungsanreize durch die offensichtlich nicht mehr reformierbare GOÄ, die einzelne Versichertengruppen bevorzugen, sind nicht weiter hinzunehmen. Sinnvoll wäre vielmehr ein einheitliches Vergütungssystem, das für Innovation offen ist, die einen Patientennutzen haben.

(5) Delegationsrechte des Hausarztes

Es geht mithin um eine Stärkung der ambulanten Versorgung, wenn stationäre Überkapazitäten abgebaut werden, wenn die Spezialisierung und Öffnung der Krankenhäuser für sektorenunabhängige spezialisierte Leistungen gelingt und sich im vertragsärztlichen Bereich wieder mehr Ärztinnen und Ärzte für die hausärztlichen Aufgaben gewinnen lassen. Gleichwohl sind auch direkte Maßnahmen zur Stärkung der hausärztlichen Versorgung erforderlich. Dazu zählen die Sicherstellung professioneller Praxisstrukturen, ein modernes Praxismanagement mit elektronischer Dokumentation, die Koordination der Behandlungen auch bei Fachärzten, gezielte Über- und Einweisungen und vor allem „mehr Delegation". Zu diesem Aspekt abschließend die Anmerkung, dass ein akademischer Streit um die Erprobung der Substitution ärztlicher Leistungen nach der entsprechenden Richtlinien des G-BA wenig weiter führt. Dem gegenüber könnte eine Diskussion um die Hausarztpraxis der Zukunft mit erweiterten Anstellungs- und Delegationsmöglichkeiten weiter führen. Werden diese Optionen bei der Definition hausärztlicher Leistungen bzw. Versorgungsaufträge berücksichtigt, ergeben sich Entwicklungschancen für die einzelne Praxis.

3. Fazit aus den 4 Schritten

Jede Legislaturperiode deutscher Gesundheitspolitik hat ein großes Problem gelöst und die GKV einen wichtigen Schritt voran gebracht. Als Beispiel können die Duale Krankenhausfinanzierung nach dem KHG von 1972 gelten, die Arzneimittelfestbeträge des GRG von 1989, die freie Wahl der Krankenkassen nach dem GSG von 1992 und so weiter. In der anstehenden Legislaturperiode steht sicherlich die Reform der Krankenhausplanung an. Bund und Länder müssen dazu zusammenarbeiten, was in einer Großen Koalition erleichtert ist. Ein Blick in die Statik der GKV und ihre Systembedingungen hilft, die Zusammenhänge nicht aus den Augen zu verlieren. So darf die Spezialärztliche Versorgung auf keinen Fall abgetan werden wie andere gesundheitspolitische Errungenschaften, die nie recht zum Leben erweckt werden konnten. Ebenso hilft das Verständnis über die ökonomischen Spezialisierungsanreize, wenn ein Mangel an Hausärzten tatsächlich verhindert werden soll.

Tabelle 5: Thematischer Orientierungsrahmen Schritt 5

Problem	Systemdefekt	Verstärker	Systemkorrektur	Grundsatz i. V. m. Maßnahme	
Übermaß an KH-Standorten	Fortschreibende, nicht leistungs-, sondern bettenbezogene KH-Planung	Krankenhäuser als Teil der regionalen Wirtschafts-förderung	Leistungs-orientierte u. populations-bezogene KH-Planung mit Qualitäts-indikatoren und Standards für die Erreichbarkeit	Spezialisierungs-vorteile bei Notfallstandorten berücksichtigen	Einheitliche, gemeinsame Verträge mit zugel. KH	Richtlinien des G-BA zur KH-Planung
Zunahme Ökonomisch induzierter KH-Leistungen	... ohne hinreichende Mindestmengen und Qualitätsindikatoren	Föderalismusproblem : Land plant, Bund zahlt Inflexibilität der Kollektivverträge und fehlende Selektivverträge		Sicherstellende Vertragspflicht der Krankenkassen für elektive stationäre und (erweiterte) spezialärztlich ambulante Leistungen	Einheitliche Vertragspflicht der jeweiligen Krankenkasse aufgrund der morbiditäts-bezogenen Versorgungs-planung des Landes unter bundes-einheitlichen Kriterien	Vergütung patienten-bezogener Leistungen nach dem DRG-Prinzip	Rahmenplanung des Landes Entscheidungen der Vertrags-partner unter Landesaufsicht
Ungenügende ambulante Nutzung ärztl. und apparativer KH- Kapazitäten	Fehlende systematische ambulante Beteiligung der Krankenhäuser	Mangelnde Qualitätstransparenz und somit Nachfragekompetenz von Patienten und Krankenkassen	Sektorenüber-greifende Versorgungs-planung			auch als (Ziel) Maßstab für die ambulante Versorgung	Monistische Finanzierung Marktaustritts-hilfen für KH erforderlich
Erschwerter ambulanter Zugang zu Spezialisten	Trennung der ambulanten Behandlung nach Gebieten u. Sektoren	Gebietsschutz für niedergelassene Ärzte und verzerrte (duale) Finanzierung der KH		Einheitliche, indikations-bezogene Vergütung spezialisierter ambulanter Leistungen	Komplexes Patientenproblem als Leistungsgegenstand		Förderung spezialisierter ambulanter Einrichtungen mit fachärztlichen Teams für dezidierte Krankheitsbilder (Rheuma, MS, Onkologie, etc.)
Zersplitterung der ambulanten ärztlichen Behandlung	Verrichtungsbezogene ärztliche Honorarordnung	duales Honorar-system EBM versus GOÄ	Team- adäquate Unternehmens-strukturen	2. Option für hausärztliche Internisten	Fachärztliche Grundversorgung und Hausärzte als Primärärzte	
Zunehmender Mangel an Hausärzten	Diskriminierung von Unternehmensformen Übermäßiger Spezialisierungsanreiz	KV mit Verhandlungs- u. Verteilungsmonopol Niederlassung von Fachärzten auf Hausarztsitzen	Fortdauernde Zulassungsbindung an Hausarztaufgaben		Weitergehende Anstellungs- und Delegationsbefugnisse innerhalb der Hausarztpraxis gem. Versorgungsauftrag	

Wolfgang Pföhler

Forderung nach einer fairen Krankenhausfinanzierung[1]

1. Einleitung

Die deutsche Krankenhauslandschaft steht an einem Wendepunkt: Zehn Jahre nach der Einführung des DRG-Systems schreiben rund 50 Prozent der deutschen Krankenhäuser rote Zahlen.

Und dies

- trotz intensivster Rationalisierungsanstrengungen und
- einem Abbau von rund 40.000 Betten alleine in den vergangenen zehn Jahren

sowie

- einer internationalen Spitzenposition unserer Kliniken bei der Produktivität und den Fallkosten (siehe hierzu auch Abbildungen 1 und 2).

Die kommenden vier Jahre werden nach meiner Einschätzung maßgeblich darüber entscheiden, ob die deutschen Krankenhäuser ihre Spitzenposition nicht nur in puncto Effizienz, sondern auch in puncto Qualität werden halten können.

---

[1] Es handelt sich bei diesem Beitrag um den gesprochenen Text d Referenten

*Abbildung 1: Krankenhauskosten je Fall im internationalen Vergleich, 2011***

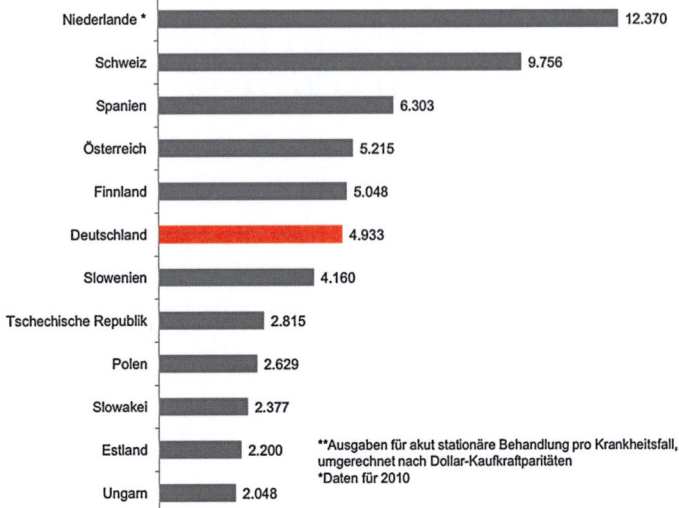

Quelle: OECD Health Data 2013

*Abbildung 2: Krankenhauspersonal je 1.000 Einwohner im internationalen Vergleich, 2011**

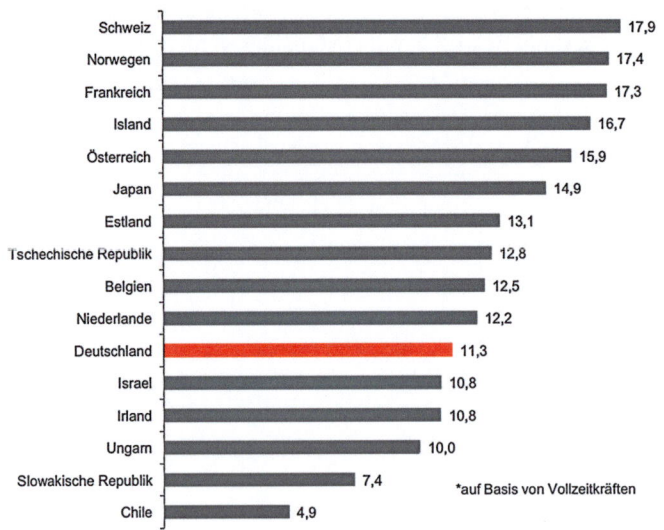

Quelle: OECD Health Data 2013

2. Ausgangslage

Die Finanzsituation unseres Gesundheitswesens ist aktuell so günstig wie selten zuvor. Sie kennen die Zahlen: Der Gesundheitsfonds verfügt über einen Überschuss von über 11 Milliarden Euro, die Überschüsse bei den Krankenkassen belaufen sich auf rund 17 Milliarden Euro. Insgesamt also fast 30 Milliarden Euro.

Nicht zuletzt waren es die Krankenhäuser, die einen bedeutenden Beitrag zur Gesundung der GKV-Finanzen geleistet haben. Insbesondere die Vertreter der Krankenkassen lassen diese Tatsache heute jedoch gerne unerwähnt und bezeichnen unsere Kliniken gar als die größten Kostentreiber im System. Und das, obwohl der Anteil der Krankenhausgaben an den gesamten Leistungsausgaben der GKV seit der Einführung des DRG-Systems nicht nur nicht gestiegen, sondern sogar leicht gesunken ist.

Kurzfristig, das heißt ausschließlich auf das Jahr 2014 bezogen, stellen sich die finanziellen Rahmenbedingungen auch für die Krankenhäuser durchaus deutlich positiver dar als in den vergangenen Jahren: Die mit 2,81 Prozent vergleichsweise hoch ausgefallene Grundlohnrate und der auf 2014 begrenzte Versorgungszuschlag von 0,8 Prozent verschaffen den Krankenhäusern im kommenden Jahr zweifellos etwas Luft (siehe Tabelle 1). Allerdings wissen wir schon heute, dass das Jahr 2014 lediglich ein Zwischen-Hoch darstellt. Denn ab 2015 entfällt der Versorgungszuschlag wieder, was zu einer dauerhaften Absenkung der Krankenhauspreise führen wird.

Tabelle 1: Hilfspaket der Bundesregierung für Krankenhäuser

Maßnahmen	2013	2014	bis 2020
Versorgungszuschlag	+250 Mio. €	+500 Mio. €	
Anteilige Tariflohnrefinanzierung 2013	+150 Mio. €	+150 Mio. € (Basiseffekt)	
voller Kostenorientierungswert als Verhandlungskorridor für 2014 und 2015		z.Z. nicht quantifizierbar	
Hygiene Förderprogramm und Fort- und Weiterbildung	+17 Mio. €	+40 Mio. €	+308 Mio. €
Summe		+1,1 Mrd. €	+0,3 Mrd. €	Gesamt =
Finanzhilfen unterstützen die Krankenhäuser mit circa			+1,4 Mrd. €

Quelle: Deutsche Krankenhausgesellschaft

Die von mir geschilderten Rahmenbedingungen sehe ich als Chance, die wir nicht ungenutzt an uns vorbei ziehen lassen dürfen. Sie geben uns die einmalige Möglichkeit, zu Beginn einer neuen Legislaturperiode mit der Politik ausnahmsweise einmal nicht über kurzfristige Kostendämpfungsmaßnahmen oder Sofort-Hilfe-Pakete, sondern über eine nachhaltige Weiterentwicklung der Krankenhausfinanzierung zu sprechen.

Auch in den laufenden Koalitionsverhandlungen steht die Reform der Krankenhausfinanzierung weit oben auf der gesundheitspolitischen Agenda. Wir Krankenhäuser begrüßen das ausdrücklich, haben aber auch klare Erwartungen an die Politik.

Jährlich behandeln unsere Krankenhäuser rund 18 Millionen stationäre und über 20 Millionen ambulante Patienten. Völlig zu Recht haben unsere Patienten und Patientinnen den Anspruch und die Erwartung einer Krankenhausversorgung auf internationalem Top-Niveau. Dazu brauchen die Krankenhäuser und ihre über 1,1 Millionen Beschäftigten faire und stabile Rahmenbedingungen und damit faire Finanzierungsregelungen.

Ohne faire Rahmenbedingungen können die Krankenhäuser
weder

- die zusätzlichen Belastungen schultern, die sich in den kommenden Jahren insbesondere aus der demographischen Entwicklung ergeben werden,

noch

- eine flächendeckende Versorgung der Bevölkerung auch in den dünner besiedelten Regionen Deutschlands aufrecht erhalten.

Was wir unter fairen Rahmenbedingungen verstehen, hat die DKG in ihrem Positionspapier zur neuen Legislaturperiode ganz unmissverständlich formuliert.

3. Erwartungen der Krankenhäuser an die Bundesregierung

Ich komme damit zu den Erwartungen der Krankenhäuser an die neue Bundesregierung und die angekündigte Finanzierungsreform.

Über allem muss der Grundsatz stehen:

„Ein bedarfsnotwendiges Krankenhaus muss seine medizinischen Leistungen für die Bevölkerung über die regelhaften Preisanpassungen finanzieren können" Das setzt Folgendes voraus:

Erstens: Die Schere aus Kosten und Erlösen der Krankenhäuser muss dauerhaft und zuverlässig geschlossen werden (siehe hierzu Abbildung 3).

Insbesondere die Tatsache, dass die Landesbasisfallwerte von Jahr zu Jahr deutlich hinter der Entwicklung der Personal- und Sachkosten zurückbleiben, ist für uns inakzeptabel.

Dass uns die Bundesregierung mit ihrem Soforthilfepaket für 2013 und 2014 etwas Luft verschafft hat, darf nicht darüber hinwegtäuschen, dass einer der zentralen Konstruktionsmängel in unserem Finanzierungssystem nicht dauerhaft beseitigt wurde. Ich spreche damit die doppelte Degression und die Berücksichtigung der Leistungsentwicklung bei den Verhandlungen der Landesbasisfallwerte an:

Für 2013 und 2014 wurden die negativen Effekte der doppelten Degression zwar weitgehend neutralisiert. Der zentrale Systemfehler, dass die Leistungsmengenentwicklung zu Lasten des Preiszuwachses geht, und damit die Kollektivhaftung, ist geblieben.

Diese Regelung widerspricht jeder betriebswirtschaftlichen Vernunft und muss - spätestens nach Vorliegen der Ergebnisse des gesetzlichen Mengengutachtens - gestrichen und zugunsten einer intelligenteren Lösung ersetzt werden. Die DKG hat dazu Vorschläge vorgelegt und wird sie zu gegebenem Zeitpunkt weiter konkretisieren.

Abbildung 3: Tariflohn-Erlös-Schere der Krankenhäuser

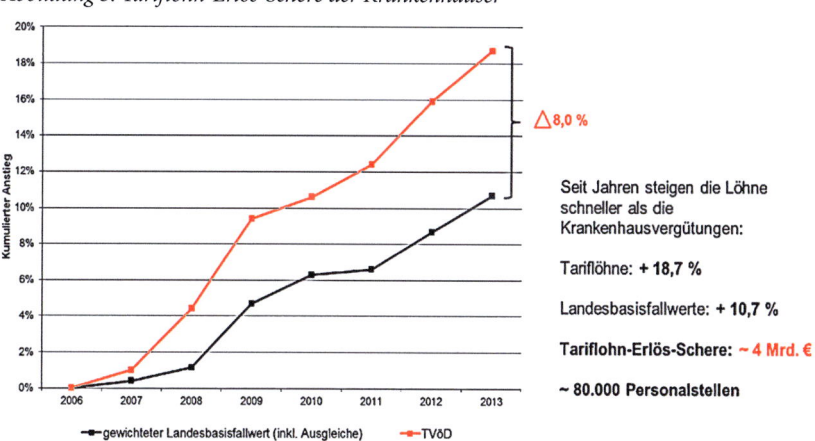

Quelle: Deutsche Krankenhausgesellschaft

Zwingend erforderlich sind **zweitens** Öffnungsklauseln innerhalb des DRG-Systems, die eine sachgerechte Finanzierung der Lasten nicht absehbarer Ereignisse ermöglichen - ich denke an dieser Stelle beispielsweise an die EHEC-Krise oder an die Folgen von Naturkatastrophen.

Ebenso gelöst werden muss die Problematik der Extremkostenfälle. Für den gesetzlichen Prüfauftrag zu diesem Thema sind wir deshalb dankbar. Zwingend erforderlich ist außerdem eine praktikablere Ausgestaltung des Sicherstellungszuschlages, damit die Krankenhausversorgung auch in den Regionen aufrecht erhalten werden kann, in denen eine Refinanzierung der hohen Vorhaltekosten der Krankenhäuser aus den regelhaften Erlösen nicht möglich ist. Selbstverständlich dürfen die gewährten Sicherstellungszuschläge nicht zu einer Absenkung des Landesbasisfallwertes führen.

Eine faire Krankenhausfinanzierung setzt darüber hinaus voraus, dass zukünftig gesetzlich gewährleistet sein muss, dass zusätzliche Qualitätsvorgaben, sei es durch den G-BA oder durch entsprechende Vorgaben der Länder, auch eine entsprechende Finanzierungsregelung beinhalten.

Der jüngste Beschluss des G-BA zur Personalvorhaltung in der neonatologischen Intensivversorgung zeigt uns die Mängel des derzeitigen Finanzierungssystems doch überdeutlich: Aus medizinischer Sicht ist der Beschluss nicht zu beanstanden. Höchst mögliche Qualität und Sicherheit, wenn rund um die Uhr nur ein Säugling von einer Fachkraft zu versorgen ist. Deshalb haben wir als DKG den sehr strengen Vorgaben auch zugestimmt. Wohlwissend jedoch, dass der Beschluss die Krankenhäuser - trotz einer von der DKG durchgesetzten Übergangsregelung - in den kommenden Jahren vor kaum lösbare Probleme stellen wird. Denn wie fast alle anderen G-BA-Beschlüsse im Bereich der Qualitätssicherung enthält auch dieser Beschluss keine Regelung zur Refinanzierung der entstehenden Mehrkosten für die Krankenhäuser. Von der Problematik, dass das benötigte Fachpersonal derzeit am Arbeitsmarkt nicht in ausreichender Zahl zur Verfügung steht, möchte ich an dieser Stelle gar nicht sprechen. Wir brauchen einen klaren gesetzlichen Automatismus für die Refinanzierung von Mehrkosten der G-BA-Beschlüsse.

Und damit eines klar ist: Eine verbesserte Kalkulation der Fallpauschalen durch das InEK hilft uns an dieser Stelle nicht weiter. Eine verbesserte Kalkulation führt stets nur zu einer Umverteilung im System. Wenn zusätzliche Kosten entstehen, müssen diese aber auch zusätzlich finanziert werden. Das kann die InEK-Kalkulation systembedingt nicht leisten.

Nicht nur der Bund und die Kassen, sondern auch die Länder stehen in der Verantwortung für faire Rahmenbedingungen. Lassen Sie mich damit zu einer weiteren Ursache der aktuellen Finanzierungsmisere unserer Krankenhäuser kommen: Der unzureichenden Bereitstellung von Investitionsmitteln durch die Bundesländer.

Jede Reform der Krankenhausfinanzierung bleibt unvollendet, wenn nicht die Investitionsfinanzierung reformiert wird (siehe Abbildung 4). Weder das Verhalten der Länder, noch das der Bundespolitik kann länger akzeptiert werden.

Die Länder können und dürfen sich nicht ihrer gesetzlichen Aufgabe der Investitionsmittelbereitstellung entziehen. Der Bundesgesetzgeber, der die gesetzlichen Grundlagen für die Pflichten der Länder legt, darf aber auch nicht länger zuschauen, wie das Ganze nicht funktioniert.

Abbildung 4: Entwicklung der KHG-Investitionsförderung und der bereinigten Kosten von 1991 bis 2011 (1991=100)

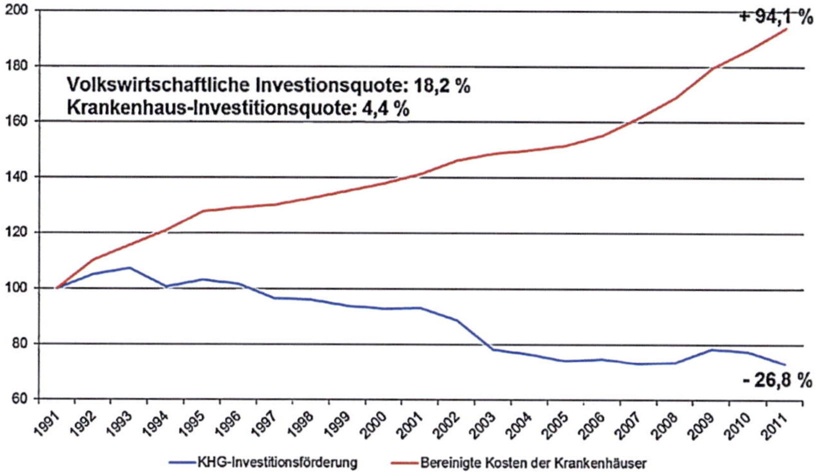

Quelle: Umfrage der Arbeitsgruppe für Krankenhauswesen der AOLG, Statistisches Bundesamt, eigene Berechnung

Hier müssen Bund und Länder zu ihrer Verantwortung stehen. Wir schlagen deshalb ein nationales Gemeinschaftsfinanzierungsprogramm von Bund und Ländern vor.

Zwingend erforderlich ist ein jährliches Investitionsfördervolumen von 6 Milliarden Euro. Das entspräche einer immer noch bescheidenen Investitionsquote von rund 9 Prozent, läge aber deutlich über dem heutigen Niveau von knapp 4 Prozent bzw. 2,7 Mrd. Euro. Dass die von uns geforderten 6 Milliarden Euro eine berechtigte Zielgröße sind, hat uns übrigens schon im Jahr 2008 ein Gutachten des BMG zum gleichen Thema eindrücklich bestätigt.

Voraussichtlich ab Dezember werden wir - dank der InEK-Kalkulation - jede Fallpauschale mit dem dazugehörenden Investitionskostenanteil hinterlegt haben. Daraus wird dann der tatsächliche Investitionsmittelbedarf unbestreitbar ableitbar sein.

Dann hoffen wir, dass sich niemand mehr der Diskussion über die unzureichende Finanzmittelausstattung entziehen kann.

Eine faire Krankenhausfinanzierung darf selbstverständlich nicht auf die stationäre Versorgung beschränkt bleiben. Insbesondere in den - zumindest regional - äußerst dünn besiedelten Flächenländern wäre eine flächendeckende ambulante Versorgung der Bevölkerung ohne den Beitrag der Krankenhäuser schon heute nicht mehr zu gewährleisten.

Längst sind die Krankenhäuser die eigentlichen Träger der ambulanten Notfallversorgung. Diese Leistungen der Krankenhäuser müssen aber auch fair finanziert werden. Das ist immer noch nicht gewährleistet. Auch an dieser Stelle besteht daher dringender Handlungsbedarf.

Die Liste unserer Wünsche und Forderungen an die nächste Bundesregierung ist lang und ich bitte Sie um Ihr Verständnis, dass ich heute nicht zu jedem Punkt Stellung beziehen kann.

Auch die Themen

- Innovation,
- Mindestmengen,
- Selektivverträge,
- Aus- und Weiterbildung,
- Fachkräftemangel oder
- Bürokratieabbau

hätten es ohne jeden Zweifel verdient, näher beleuchtet zu werden, würden aber an dieser Stelle den Rahmen sprengen.

4. Das neue Vergütungssystem für psychiatrische und psychosomatische Einrichtungen

Erlauben Sie mir jedoch, aus aktuellem Anlass abschließend noch ein anderes Thema aufzugreifen: das neue Vergütungssystem für die psychiatrischen und psychosomatischen Einrichtungen.

Nach zahlreichen, mitunter äußerst kontrovers geführten Diskussionen hat sich die DKG dazu durchgerungen, den neuen PEPP-Katalog für das Jahr 2014 mit dem GKV-Spitzenverband zu vereinbaren.

Wie Sie wissen, sehen insbesondere die psychiatrischen Fachverbände das neue Vergütungssystem äußerst kritisch. Als deutsche Krankenhausgesellschaft teilen wir viele der vorgetragenen Kritikpunkte, stehen aber als Partner der Selbstverwaltung zugleich in der Verantwortung, an der Umsetzung der gesetzlichen Vorgaben konstruktiv mitzuarbeiten.

Unsere Entscheidung, die zweite Version des PEPP-Kataloges als DKG mitzutragen, haben wir an zwei konkrete Erwartungen geknüpft:

An erster Stelle steht eine Verlängerung der Optionsphase und damit des Zeitraums für einen freiwilligen Umstieg auf das neue System.

Zweitens erachten wir einen Prüfauftrag an das InEK, der die stärkere Einbeziehung tagesbezogener Analysen im Rahmen der Kalkulation zum Gegenstand haben soll, für zwingend erforderlich.

Erst nachdem uns die Politik und der GKV-Spitzenverband klare Signale haben zukommen lassen, sich diesen Forderungen nicht zu verweigern, haben wir der Vereinbarung des neuen PEPP-Kataloges zugestimmt.

Nicht außer Acht gelassen werden darf, dass der Gesetzgeber auch mittelfristig gefordert ist. Nämlich dann, wenn es um die angemessene Ausgestaltung des künftigen Finanzierungsrahmens geht: Die für die nächste Legislaturperiode von der Bundesregierung angekündigte Weiterentwicklung des ordnungspolitischen Rahmens für das DRG-System muss auch das Psych-Entgeltsystem einschließen. Wenn mehr Patienten behandelt werden, darf das nicht zu Minderungen führen. Die Personalkosten dürfen nicht schlechter als jetzt refinanziert werden.

Und nicht zuletzt muss den Besonderheiten der Versorgung und der Kostenstrukturen in der Psychiatrie und Psychosomatik Rechnung getragen werden. Wird dagegen am degressiven Vergütungsmechanismus mit Kollektivhaftung festgehalten, wäre der Ausstieg aus dem Einstieg in das neue psychiatrische Entgeltsystem die zwangsläufige Folge für die Krankenhäuser.

Josef Hecken

Die Nutzenbewertung von Arzneimitteln mit neuen Wirkstoffen durch den Gemeinsamen Bundesausschuss

1. Einleitung

Die Arzneimittelversorgung in Deutschland unterliegt einer weitreichenden Regulierung. Neben den sozialrechtlichen Aspekten der Leistungserbringung für die Versicherten sind verschiedene arzneimittelrechtliche Regelungen z.B. zur Herstellung und zum Vertrieb von Arzneimitteln zu beachten. Die Arzneimittelversorgung wird in Deutschland u.a. durch folgende Rechtsvorschriften geregelt:

- Arzneimittelgesetz (AMG): Es regelt als zentrale Rechtsvorschrift die Herstellung, Zulassung und Abgabe von Arzneimitteln sowie die staatliche Überwachung der Arzneimittelversorgung.
- Apothekengesetz (ApoG) und Apothekenbetriebsordnung (ApBetrO): Sie regeln die Voraussetzungen zur Erlaubnis für und die Anforderungen an den Betrieb von Apotheken.
- Arzneimittelpreisverordnung (AMPreisV): Sie macht Vorgaben über die zulässigen Preisaufschläge des pharmazeutischen Großhandels und der Apotheken.
- Sozialgesetzbuch Fünftes Buch (SGB V): Es regelt die Leistungsansprüche der gesetzlich Krankenversicherten, die Aufgaben der gemeinsamen Selbstverwaltung und die Rahmenvorgaben zur Arzneimittelversorgung für Versicherte.

Der Gemeinsame Bundesausschuss (G-BA) hat die Aufgabe, Richtlinien zur Sicherung einer ausreichenden, zweckmäßigen und wirtschaftlichen Versorgung der Versicherten mit Arzneimitteln zu erstellen.

Apothekenpflichtige verschreibungspflichtige Arzneimittel sind in Deutschland grundsätzlich unmittelbar nach der Zulassung für alle Patientinnen und Patienten in der gesetzlichen Krankenversicherung (GKV) verfügbar. Soweit von vornherein keine gesetzlichen Gründe für einen Ausschluss vorliegen, können zugelassene Arzneimittel von Ärztinnen und Ärzten zulasten der gesetzlichen Krankenkassen verordnet werden. Erst nach Eintritt eines Arzneimittels mit neuem Wirkstoff in den Markt greifen in der Bundesrepublik Deutschland verschiedene Regulierungsinstrumente, die mit Blick auf die Erstattung von Leistungen innerhalb der GKV auch eine Überprüfung des Nutzens, der Notwendigkeit und der Wirtschaftlichkeit von Arzneimitteln vorsehen. Diese Aufgabe hat der Gesetzgeber dem G-BA übertragen.

So kann der G-BA die Verordnungsfähigkeit eines zugelassenen Arzneimittels in der vertragsärztlichen Versorgung durch die GKV unter bestimmten Voraussetzungen einschränken oder ausschließen, insbesondere wenn ein Arzneimittel unzweckmäßig ist.

Für die Realisierung einer hochwertigen und wirtschaftlichen Arzneimittelversorgung der gesetzlich Krankenversicherten stehen dem G-BA verschiedene Instrumente zur Verfügung. Dazu gehören:

- die Bildung von Festbetragsgruppen (Wirkstoffgruppen, für die Erstattungsobergrenzen in der GKV festgelegt werden)
- die Erstellung von Therapiehinweisen zur wirtschaftlichen Verordnungsweise
- Verordnungseinschränkungen und -ausschlüsse auf der Basis von Nutzenbewertungen
- die Konkretisierung des Ausschlusses von Arzneimitteln, bei denen eine Erhöhung der Lebensqualität im Vordergrund steht (sogenannten Lifestyle-Arzneimitteln wie etwa Präparaten zur Potenzsteigerung)
- Hinweise zur Austauschbarkeit von Darreichungsformen
- die Beauftragung von Expertengruppen zur Bewertung eines Off-Label-Use
- die (frühe) Nutzenbewertung nach § 35a SGB V aller neu zugelassenen Wirkstoffe unmittelbar nach Markteintritt (eine Aufgabe, die dem G-BA mit dem Arzneimittelmarktneuordnungsgesetz ab dem Jahr 2011 übertragen wurde).
- Die Durchführung einer Kosten-Nutzen-Bewertung. Sie kann auf Verlangen des pharmazeutischen Unternehmens oder des GKV-Spitzenverbands nach abgeschlossener Nutzenbewertung nach § 35a SGB V im Rahmen der Verhandlungen über den Erstattungsbetrag nach einem abgeschlossenen Schiedsverfahren beauftragt werden.

Zu den Aufgaben des G-BA gehören auch:

- die Aufnahme von nicht verschreibungspflichtigen Arzneimitteln, die als Therapiestandard zur Behandlung schwerwiegender Erkrankungen gelten, in die Anlage I der Arzneimittel-Richtlinie (die sogenannte OTC-Übersicht)
- die Aufnahme von Medizinprodukten in eine Zusammenstellung der in medizinisch notwendigen Fällen ausnahmsweise verordnungsfähigen Medizinprodukte in die Anlage V der Arzneimittel-Richtlinie.

Dieses mannigfaltige Aufgabenspektrum wird seit seiner Implementierung häufig kontrovers diskutiert und bisweilen kritisch bewertet. Insbesondere die Bearbeitung des Bestandsmarktes stand in letzter Zeit sehr im Mittelpunkt der öffentlichen Aufmerksamkeit.

Mit dem vorliegenden Beitrag wird die frühe Nutzenbewertung insgesamt, aber auch die zwischenzeitlich durch das 14. SGB V-Änderungsgesetz avisierte Abschaffung dieser Bewertungsform im Kontext der täglichen Arbeit des G-BA dargestellt.

2. Frühe Nutzenbewertung von Arzneimitteln

2.1 Ein deutscher Sonderweg?

In diesem Rahmen wird häufig auf Sorgen der pharmazeutischen Unternehmen hingewiesen, dass diese weitreichenden Regularien zu einer Beschränkung der Innovationskraft und damit einer Behinderung des Fortschrittes führen könnten. Ein Blick über die Landesgrenzen hinaus zeigt allerdings, dass die in Deutschland vorherrschenden Regularien keinesfalls einen Einzelweg beschreiben sondern vielmehr die Gepflogenheiten anderer Länder nur nachzeichnen.

Zwar findet sich in Regimen mit direkt zahlenden Patientinnen und Patienten, wie in Mexiko, Russland, Indien, China und Brasilien, eine weitgehend freie Preisbildung, aber es zeigt sich, dass schon mit Eintritt von regulierten Versicherungsmärkten bei der Krankenversorgung eine Arzneimittelpreisfindung in kooperativen Strukturen zu finden ist.

Beispielsweise finden sich in den USA versicherungsbasierte Verhandlungslösungen, die für das jeweilige Kollektiv einheitliche Preisfestsetzungen im Rahmen von Verhandlungslösungen zwischen Unternehmen und Versicherungsgesellschaft etablieren.

Länder, die auch im Versicherungssystem den deutschen Strukturen ähnlicher sind, wie beispielsweise Frankreich, Italien, Spanien haben vergleichbar dem bei uns eingeführten System Preisbildungsmechanismen, die auf therapeutischen Bewertungen basieren, die unter der Anwendung von Referenzkategorien oder komparatorbasierten Bewertungen zur Preisbildung gelangen. Noch weitergehende Preisbildungsinstrumente finden sich in Australien, Kanada, Korea, Schweden und dem Vereinigten Königreich. Dort erfolgt die Preisbildung auf Grundlage einer gesundheitsökonomischen Bewertung, die als Preisbildungselement Instrumente der Kosten-Nutzen-Bewertung oder der Kosten-Effektivität anwendet.

In der Gesamtschau kann daher festgestellt werden, dass die in Deutschland eingeführte und mittlerweile im praktischen Regelbetrieb exerzierte frühe

Nutzenbewertung bei patentgeschützten Arzneimitteln im internationalen Vergleich keinen Tabubruch darstellt.

Auch die zeitweise nicht zu überhörende Befürchtung einzelner Akteure im Arzneimittelmarkt, dass die frühe Nutzenbewertung im Widerspruch zur arzneimittelrechtlichen Zulassung stehe, kann an dieser Stelle ausgeräumt werden. Denn die arzneimittelrechtliche Zulassung beurteilt die Sicherheit, Wirksamkeit und Qualität; die frühe Nutzenbewertung in der oben beschriebenen Form beurteilt darüber hinaus auch noch den Mehrwert des zu beurteilenden Wirkstoffes gegenüber anderen Therapieoptionen.

2.2 Verhindert das AMNOG den wirtschaftlichen Erfolg?

Auch diese häufig zu lesende Aussage findet sich bisweilen und verleiht den Befürchtungen von Skeptikern Ausdruck, die aufgrund der Wirkungen der frühen Nutzenbewertungen, dann als Basis für die Preisverhandlungen, von negativen Effekten einer wenig positiven Beurteilung auf das Marktpotenzial, den Preis und den sich daran anschließenden wirtschaftlichen Erfolg eines neuen Arzneimittels ausgehen.

Die Erfahrungen der letzten Jahre haben gezeigt, dass Derartiges eben nicht der Fall ist. Durch die Wirkungen des AMNOG und die Bewertung des G-BA wird wirtschaftlicher Erfolg nicht behindert. Wie im jüngsten Arzneiverordnungsreport zu lesen ist, befinden sich unter den umsatzstärksten 30 Arzneimitteln u.a. die Wirkstoffe Abirateronacetat und Telaprevir. Beides sind Arzneimitteln, die Anfang des Jahres 2012 die frühe Nutzenbewertung durch den G-BA durchlaufen haben. Abirateronacetat, ein Wirkstoff gegen Prostatakarzinome, wurde im März 2013 mit einem Hinweis auf einen beträchtlichen Zusatznutzen bewertet. Zwei Jahre nach Markteinführung verzeichnete dieser Wirkstoff einen Umsatz im deutschen Markt von 118,2 Mio. Euro.

Telaprevir wurde ebenfalls im März 2012 bewertet als ein Wirkstoff zur Behandlung von Hepatitis C. Als Bewertungsergebnis legte der G-BA die Stufe „Zusatznutzen nicht quantifizierbar" an. Auch dieses Arzneimittel konnte im Jahr 2012 einen Umsatz von 115,9 Mio. Euro im deutschen Markt realisieren. Dabei wurde zudem noch einmal deutlich, dass die Bewertung „Zusatznutzen nicht quantifizierbar" keinesfalls mit keinem oder einem extrem geringen Zusatznutzen gleichzusetzen ist und auf diesem Weg einen Markterfolg behindert.

2.3 Wird durch das AMNOG die Versorgung gefährdet?

Ausgehend von der unter Punkt 2.2 widerlegten These, dass durch die Wirkungen des AMNOG wirtschaftlicher Erfolg neuer Wirkstoffe verhindert wird, schließt die Argumentation der Kritiker mit einer weiteren Sorge an. Es wird befürchtet, dass aufgrund schlechter wirtschaftlicher Aussichten – in Folge von Testaten ohne Zusatznutzen bei der frühen Nutzenbewertung – Marktaustritte an der Tagesordnung sein werden, da sich die daran anschließenden Preisverhandlungen im Umfeld einer eventuell generischen zweckmäßigen Vergleichstherapie bewegen. Hier ist zunächst einmal festzustellen, dass durch die Bewertung des G-BA kein Marktaustritt eines zugelassenen Arzneimittels erforderlich wird. Dieses obliegt rein der unternehmerischen Entscheidungssphäre. Unabhängig davon sind bei bislang 66 abgeschlossenen frühen Nutzenbewertungen lediglich 5 Marktaustritte erfolgt. Durch keinen der Marktaustritte ist die Versorgung auch nur annähernd gefährdet worden. In allen Fällen lagen ausreichende Behandlungsalternativen auch nach Marktaustritt vor. In einem Fall wurde die Zulassung eines Wirkstoffes nach der Bewertung des G-BA sogar wegen Sicherheitsbedenken stark eingeschränkt, was die vermeintlichen Wirkungen des Marktaustrittes noch einmal in besonderem Licht erscheinen lässt.

3. Fazit: Das AMNOG erfüllt seinen Zweck

Der G-BA hat bislang 66 frühe Nutzenbewertungen durchgeführt. 60 % der Bewertungen erfolgten mit einem positiven Zusatznutzen. Damit liegen die Bewertungen des G-BA über dem internationalen Durchschnitt. Von den 66 Bewertungen erhielten 6 die Note „nicht quantifizierbar" und 13 die Note „beträchtlich". Insbesondere die letztgenannte Kategorie steht dafür, dass durch den neuen Wirkstoff gegenüber der zweckmäßigen Vergleichstherapie eine bisher nicht erreichte deutliche Verbesserung des therapierelevanten Nutzens erreicht wird.

Dieses positive Ergebnis stellte sich allerdings überdurchschnittlich häufig (38 % zu 20 %) im Bereich der onkologischen Wirkstoffe ein. Der Anteil der onkologischen Wirkstoffe an den gesamten Wirkstoffen mit früher Nutzenbewertung beträgt allerdings aktuell lediglich 29 %, was für die guten Ergebnisse i.S. des medizinischen Fortschrittes und auch die guten Studien aus diesem Bereich spricht.

Unabhängig von allen positiven Wirkungen muss an dieser Stelle aber auch darauf hingewiesen werden, dass gegenwärtig das AMNOG immer noch als lernendes System zu verstehen ist. Die bisherigen Weiterentwicklungen wie der sog. „Clock-Stop", durch den für pharmazeutische Unternehmen bei unvollständig eingereichten Dossiers die Möglichkeit geschaffen wurde, fehlende Unterlagen im Verfahren nachzureichen, sind dabei ebenso exemplarisch zu nennen wie die Aufgabe der bisher gültigen Beschränkung auf die wirtschaftlichste zweckmäßige Vergleichstherapie.

Auch die jüngst durch den Entwurf des 14. SGB V-Änderungsgesetz avisierte Beendigung des Bestandsmarktaufrufes ist als solche Weiterentwicklung zu verstehen, beschreitet sie doch letztendlich den Weg eines pragmatischen Vorgehens. Die bevorstehenden Bewertungen von Bestandsmarktprodukten standen vor dem praktischen Problem, dass die dort angesiedelten Arzneimittel oft nur über sehr alte Zulassungsstudien verfügten, die den aktuellen Anforderungen ihrer Zeit entsprachen, heutigen Maßstäben aber nur schwer standhalten können. Darüber hinaus waren die Verfahren mit nicht zu verachtenden rechtlichen Risiken verbunden (Art 19 IV), die letztendlich zu einem Klageweg hätten führen können, dessen Beschreitung ähnliche Zeiträume in Anspruch genommen hätte wie die verbleibende Patentlaufzeit. Im Ergebnis wären so die wirtschaftlichen Wirkungen der Bewertung zumindest fragwürdig geworden.

Im Zuge dieses Verfahrens stellt sich nun noch die spannende Frage, wie man mit der Bewertung alter Wirkstoffe umgeht, die für ein neues Anwendungsgebiet zugelassen werden. Die aktuelle Rechtslage sieht ein Verfahren der Nutzenbewertung nach AMNOG mit anschließender Preisverhandlung für solche, bereits vor dem 1.1.2011 zugelassene Wirkstoffe nicht vor – es fehlt die formale Voraussetzung für eine Bewertung. Hier kann der G-BA auch nicht von sich aus die Regeln ändern und anpassen, dazu fehlt ihm die rechtliche Kompetenz. Vor allem in Hinblick auf die Qualität der Patientenversorgung wären eine Nutzenbewertung unter Berücksichtigung positiver und negativer Effekte, die Anhörungen der Fachkreise und eine anschließende Preisverhandlung aus Sicht des G-BA von erheblichem Interesse. Das sehen im G-BA alle Beteiligten einschließlich der Patientenvertreter so. Für solche Fälle wäre es sehr wünschenswert, wenn eine Regelung geschaffen würde, die es zulässt, auch zum Teil schon sehr alte Wirkstoffe einer Nutzenbewertung zu unterziehen, wenn sie ein neues Anwendungsgebiet und neuen Unterlagenschutz haben.

Johann-Magnus v. Stackelberg und Anja Tebinka-Olbrich

Erstattungsbetragsverhandlungen bei innovativen Arzneimitteln aus Sicht des GKV-Spitzenverbandes

1. Einleitung

Der GKV-Spitzenverband ist nach dem Gesetz zur Neuordnung des Arzneimittelmarktes (AMNOG) seit 01.01.2011 beauftragt, mit pharmazeutischen Unternehmern für neue, nicht festbetragsfähige Arzneimittel Erstattungsbeträge zu vereinbaren (§ 130b SGB V). Grundlage sind die vorlaufenden Verfahren zur Nutzenbewertung nach § 35a SGB V in Verbindung mit der Arzneimittel-Nutzenbewertungsverordnung (AM-NutzenV) beim Gemeinsamen Bundesausschuss (G-BA). Über die Verfahrensschritte wurde an dieser Stelle bereits im Detail berichtet (vgl. von Stackelberg J.-M. und Olbrich, A. 2011).

Mit dem AMNOG hat der Gesetzgeber einerseits auf den bedrohlichen Ausgabenanstieg im patentgeschützten Arzneimittelmarkt reagiert. Der eigentliche Wert des Verfahrens besteht aber in der systematischen und zugleich transparenten Nutzenbewertung neuer Arzneimittel sowie der Etablierung einer Preisabhängigkeit vom patientenrelevanten Zusatznutzen. Mit dem AMNOG weist spätestens ein Jahr nach dem Markteintritt jedes Arzneimittel mit einem neuen Wirkstoff einen zusatznutzenorientierten Erstattungsbetrag auf. Die verhandelten Erstattungsbeträge gelten schließlich für alle Bürger in Deutschland, nicht allein für die Versicherten der gesetzlichen Krankenkassen, sondern auch für die Versicherten der privaten Krankenversicherung (PKV) und für Selbstzahler von Gesundheitsleistungen. Langfristig hat der Gesetzgeber damit einen klaren Anreiz für die Erforschung und Entwicklung von patientenrelevanten Arzneimittelinnovationen gesetzt.

2. Bilanz aus drei Jahren AMNOG

Der G-BA hat seit dem 01.01.2011 bis zum 28. Februar 2014 100 Verfahren zu Arzneimitteln aus dem Neu- und Bestandsmarkt zur frühen Nutzenbewertung initiiert und ca. 264 Beratungsverfahren durchgeführt. Neun Arzneimittel wurden vom G-BA von der Nutzenbewertung freigestellt. In diesem Zeitraum lassen sich 45 abgeschlossene Erstattungsbetragsverfahren zu 40 unterschiedlichen Wirkstoffen bilanzieren. Wie die Abbildung 1 zeigt, konnte die Mehrzahl der Verhandlungen einvernehmlich abgeschlossen werden. Lediglich in vier der 45 abgeschlossenen Verfahren musste die Schiedsstelle angerufen werden. Dies zeigt, dass es möglich ist, einen Ausgleich der Interessen der GKV-Versichertengemeinschaft und des pharmazeutischen Unternehmers auf dem Verhandlungsweg zu erreichen. Aktuell laufen 16 Erstattungsbetragsverhandlungen.

Abbildung 1: Anzahl Erstattungsbetragsverfahren (Stand: 28. Februar 2014)

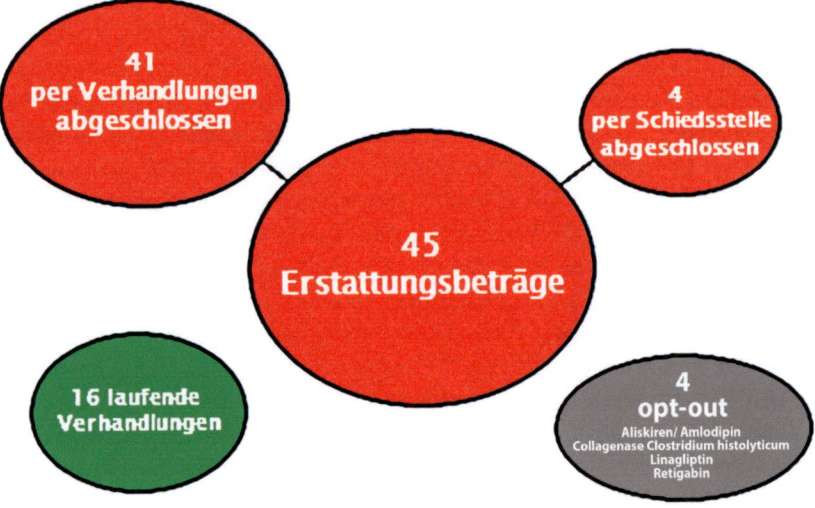

Quelle: Eigene Darstellung

Gleichwohl haben bislang die pharmazeutischen Unternehmer das AMNOG-Verfahren für vier Arzneimittel vorzeitig abgebrochen. Sie nutzten das den Herstellern rahmenvertraglich eingeräumte Opt-out, das binnen vier Wochen nach dem G-BA-Beschluss zu erklären ist und die vollständige Rücknahme des Arzneimittels aus dem deutschen Markt zur Folge hat. Die Festlegung eines Erstattungsbetrags wird damit bis auf weiteres unterbunden. In allen vier Fällen hatte der G-BA keinen Zusatznutzen feststellen können, sodass nach dem Gesetzeswortlaut der Erstattungsbetrag die Kosten der zweckmäßigen Vergleichstherapie nicht hätte überschreiten dürfen. Die Abbildung 2 zeigt, dass bisher jedoch nur eine Minderheit der Unternehmen bei nicht nachgewiesenem Zusatznutzen das Opt-out wählte.

Abbildung 2: Wirkstoffe ohne Zusatznutzen (Stand: 28. Februar 2014)

Arzneimittel mit einer Zuordnung zu Festbetragsgruppen:
- Azilsartan, Edarbi® (Beschluss vom 15.3.2012)
- Pitavastatin, Livazo® (Beschluss vom 18.8.2011)

Aclidiniumbromid (Verhandlungsergebnis)
Aflibercept (Verhandlungsergebnis)
Bromfenac (Entscheidung Schiedsstelle)
Colestilan (in Verhandlung)
Dapagliflozin (Verhandlungsergebnis)
Elvitegravir/Cobicistat/Emtricitabin/Tenofovirdisoproxil (in Verhandlung)
Fampridin (Verhandlungsergebnis)
Ingenolmebutat (Verhandlungsergebnis)
Linaclotid (zur Verhandlung eingeladen)
Lisdexamfetamindimesilat (in Verhandlung)
Lixisenatid (in Verhandlung)
Nepafenac (in Verhandlung)
Perampanel (Entscheidung Schiedsstelle)
Pixantron (Verhandlungsergebnis)
Regadenoson (Verhandlungsergebnis)
Retigabin (kohlpharma) (Entscheidung Schiedsstelle)
Saxagliptin/Metformin nAWG (Verhandlungsergebnis)
Tegafur/Gimeracil/Oteracil (Verhandlungsergebnis)
Vildagliptin (in Verhandlung)

opt out:
Aliskiren/Amlodipin
Collagenase
Linagliptin
Retigabin

Quelle: Eigene Darstellung

3. Die Erstattungsbetragsverhandlungen

Die mit dem AMNOG verbundene monetäre Bewertung des Zusatznutzens ist eine verantwortungsvolle Aufgabe, die auf einen Ausgleich der divergierenden ökonomischen Interessen der Versichertengemeinschaft einerseits und des pharmazeutischen Unternehmers andererseits abstellt und zugleich ethische Fragen berührt. Der Gesetzgeber hat sich dafür entschieden, mit dieser anspruchsvollen Aufgabe den GKV-Spitzenverband als Sachwalter der GKV-Versichertengemeinschaft und den jeweiligen pharmazeutischen Unternehmer gemeinsam zu betrauen. In gemeinsamer Verantwortung haben die beiden Akteure einen Erstattungsbetrag im Verhandlungswege zu vereinbaren, der den Interessen beider Seiten im Sinne der angestrebten Nutzenorientierung gerecht wird.

Klare Vorgaben traf der Gesetzgeber allein für Arzneimittel ohne Zusatznutzen: Kann das Arzneimittel unmittelbar einer Festbetragsgruppe zugeordnet werden, steht mit dem Festbetrag die Erstattung für dieses Arzneimittel fest. Bisher war in zwei Fällen so zu verfahren. Ist dagegen eine solche Zuordnung nicht möglich, gilt, dass der verhandelte Erstattungsbetrag die Kosten der wirtschaftlichsten Alternative der zweckmäßigen Vergleichstherapie nicht überschreiten darf. Diese Vorgaben sind eine wesentliche Errungenschaft des AMNOG. Sie stellen sicher, dass neue, aber im Sinne der Nutzenbetrachtung nicht innovative Produkte keine höheren Ausgaben verursachen. Dies ist aus Sicht der Versichertengemeinschaft unmittelbar nachvollziehbar und mit Blick auf den notwendigen Anreiz für echte patientenrelevante Innovationen sachgerecht.

Für Arzneimittel mit Zusatznutzen gibt es Ermessensspielräume für den auszuverhandelnden Erstattungsbetrag. Die maßgeblichen Verbände der pharmazeutischen Unternehmer und der GKV-Spitzenverband haben in ihrer Rahmenvereinbarung nach § 130b SGB V (RahmenV) festgelegt, dass ein dem Zusatznutzen angemessener Zuschlag auf die Jahrestherapiekosten der zweckmäßigen Vergleichstherapie zu ermitteln ist. Ergänzend sind als weitere Kriterien die tatsächlichen Abgabepreise in anderen europäischen Ländern und die Jahrestherapiekosten vergleichbarer Arzneimittel heranzuziehen.

Zur Ermittlung des Erstattungsbetrags ist – wie bei der Festlegung des Zusatznutzens durch den G-BA – keine universelle Rechenformel nutzbar. Zu eng verknüpft mit der Ermittlungsaufgabe sind Wertentscheidungen und ethische Aspekte, die sich in keinen Algorithmus pressen lassen. Zudem widerspräche die Anwendung eines fixen Algorithmus prinzipiell der vom Gesetzgeber geforderten Verhandlungslösung. In den Verhandlungen zu Arzneimitteln mit Zusatznutzen hatten die Verhandlungsparteien bisher erwartungsgemäß regelmäßig sehr unterschiedliche Preisvorstellungen und fanden erst im Laufe der Verhandlung zueinander.

Um eine möglichst weitgehende Akzeptanz des Erstattungsbetragsverfahrens zu erzielen, ist ein hoher Grad an Verfahrenskonsistenz zu gewährleisten: Hierfür ist es unerlässlich, ein schlüssiges Konzept zur Ableitung eines angemessenen Zuschlags anzuwenden, das die drei in der Rahmenvereinbarung vorgesehenen Kriterien in angemessener Weise zueinander in Verbindung setzt:

- Beschluss des G-BA über die Nutzenbewertung
- tatsächliche Abgabepreise in anderen europäischen Ländern
- Jahrestherapiekosten vergleichbarer Arzneimittel

Der gesetzlichen Betonung des G-BA-Nutzenbeschlusses folgend stellt der Zusatznutzen in den einzelnen Patientengruppen das zentrale Kriterium für die

Erstattungsbetragsermittlung dar. Die Nutzenbewertung ist als Kriterium daher mindestens so stark zu gewichten wie die beiden anderen Kriterien zusammen. Als zentrale Aspekte werden in diesem Kontext patientenrelevante Effekte hinsichtlich des medizinischen Zusatznutzens eines Arzneimittels als Innovationsergebnis betrachtet, etwa die Verringerung von Nebenwirkungen oder die Verbesserung der Lebensqualität des Patienten.

Das Kriterium der tatsächlichen Abgabepreise in anderen europäischen Ländern wäre dem Grunde nach stärker zu gewichten, wenn sich die Festlegung der tatsächlichen gezahlten Preise auch an Zusatznutzenbewertungen orientierte. Hiervon ist nicht auszugehen: Die tatsächlichen Abgabepreise sind nicht transparent und an ihrer Stelle werden nur die höheren Listenpreise offenbart.

Die Jahrestherapiekosten der so genannten „vergleichbaren Arzneimittel" (nicht zu verwechseln mit der zweckmäßigen Vergleichstherapie), sollen das Wettbewerbsumfeld des neuen Arzneimittels abbilden. Die Rahmenvereinbarung nennt für den Einschluss eines Arzneimittels als vergleichbares Arzneimittel allerdings nur recht vage Anforderungen. Entsprechend strategieanfällig ist dieses Kriterium. Bislang wurden hauptsächlich gängige patentgeschützte Arzneimittel subsummiert, die weder eine Nutzenbewertung erfahren haben noch einen zusatznutzenorientierten Erstattungsbetrag aufweisen.

Die vorgenommene Gewichtung mit dem deutlichen Hauptgewicht auf der am Zusatznutzen orientierten Bewertung wurde wiederholt von der Schiedsstelle bestätigt. Sie folgt dem AMNOG-Grundgedanken, dass nur ein nachgewiesener Zusatznutzen Preisaufschläge auf die Standardtherapie rechtfertigen kann.

4. Schlussfolgerungen

Grundsätzlich ist nach den ersten Jahren der Umsetzung festzustellen: Das AMNOG ist ein Erfolg! Die Nutzenbewertung unmittelbar nach Markteintritt macht den Wert der neuen Arzneimittel aus Sicht des Patienten transparent. Aus der alleinigen Preissetzung durch die Hersteller ist ein zwischen dem Hersteller und den Kassen fair ausgehandelter Erstattungsbetrag geworden. Damit findet ein Perspektivwechsel von den Gewinninteressen der Pharmaindustrie hin zu den Versorgungsinteressen der Patienten statt. Innovationen werden identifiziert und belohnt, Me too-Produkte sind nicht mehr unverhältnismäßig teuer.

Das AMNOG als ein junges Gesetz hat jedoch auch mit vielfältigen Widerständen in allen konkreten Umsetzungsschritten zu kämpfen. In positiver Bewertung von Veränderungen am Vorgehen wird von einem lernenden System gesprochen, bei anderer Perspektive ist eine Aufweichung der Regelungen zu befürchten. Unklarheiten und Unschärfen der Gesetzgebung behindern die reibungslose Umsetzung.

Die jüngsten Gesetzgebungsverfahren haben bereits bei den Regelungen zur Nutzenbewertung als auch zu den Erstattungsbetragsverhandlungen nachjustiert. Mit dem Vierzehnten Gesetzes zur Änderung des Fünften Buches Sozialgesetzbuch (14. SGB V-Änderungsgesetz – 14. SGBV-ÄndG) wird nunmehr klargestellt, dass ein Arzneimittel, für das eine Vereinbarung nach § 130b SGB V abgeschlossen wurde, vom pharmazeutischen Unternehmer zum Erstattungsbetrag abgegeben wird. Der GKV-Spitzenverband befürwortet ausdrücklich, dass mit der beabsichtigten Neuregelung ein klarer Regelungsrahmen zur Funktion des Erstattungsbetrages gesteckt wird. Die unterschiedlichen Rechtsauffassungen zum Erstattungsbetrag und die weitreichenden Verwerfungen bei deren Umsetzung können damit beigelegt werden. Der GKV-Spitzenverband teilt die Auffassung, dass das Recht des pharmazeutischen Unternehmers auf Ausweisung seines Listenpreises unberührt bleiben soll.

Ein eindeutiger Rückschritt in der Systematik des AMNOG ist auf der anderen Seite die Beendigung des Bestandsmarktaufrufs rückwirkend zum 01.01.2014. Aus Sicht des GKV-Spitzenverbandes ist dieser Schritt zu bedauern, da Arzneimittel, die vor dem 01.01.2011 in Verkehr gebracht wurden (sog. Bestandsmarkt) für die nächsten Jahre weiterhin von wirtschaftlicher und versorgungspolitischer Bedeutung sind. Dazu gehört, dass Bestandsmarktarzneimittel in den Erstattungsbetragsverhandlungen bei den neuen Arzneimitteln eine nicht zu vernachlässigende Rolle beim Kriterium der vergleichbaren Arzneimittel einnehmen.

Vor diesem Hintergrund ist zu überlegen, welche Teile der Bewertung unbedingt wieder einzufordern wären. So sollte es in jedem Fall möglich sein, dass Bestandsmarktarzneimittel mit neuen Anwendungsgebieten und Unterlagenschutz hinsichtlich ihres Zusatznutzens bewertet werden. Da ein neues Anwendungsgebiet stets auf die bestehenden Versorgungsstrukturen einwirkt, stellt sich naturgemäß die Frage nach dem Mehrwert für die Patienten. Biotechnologisch hergestellte Arzneimittel aus dem Bestandsmarkt sollten ebenfalls bewertet werden können. Diese Arzneimittel lassen sich nicht, wie herkömmliche chemisch-synthetische Wirkstoffe exakt kopieren, sodass Generikahersteller mit höheren Entwicklungskosten konfrontiert sind. Somit würde auch der Patentauslauf von Originalpräparaten in der Regel nicht – zumindest nicht zeitnah - zu mehr Wettbewerb führen.

Wünschenswert wäre es, wenn zukünftige Gesetzgebungsverfahren die Regelungssystematik des AMNOG anreizgerecht weiterentwickeln würden. Beispielsweise gibt es eine Verwerfung, wenn ein pharmazeutischer Unternehmer notwendige Nachweise für die Nutzenbewertung nach § 35a SGB V unzureichend oder überhaupt nicht vorlegt. Damit fehlt es an einer validen Datengrundlage für eine sachgerechte Nutzenbewertung. Der G-BA stellt aufgrund einer gesetzlichen Vorgabe fiktiv einen nicht belegten Zusatznutzen fest. Er kann jedoch keine Aussage zu einem möglichen geringeren Nutzen treffen. Da die Nutzenbewertung unmittelbare Auswirkungen auf die Erstattungsbetragsverhandlungen hat, kann sich ein pharmazeutischer Unternehmer, der eine Feststellung eines geringeren Nutzens erwartet, somit besser stellen, wenn er keine Unterlagen einreicht. Diese aus den gesetzlich bestimmten Verfahrensvoraussetzungen erwachsenden Wettbewerbsvorteile für einzelne pharmazeutische Unternehmer sind im Sinne der Gleichbehandlung zu neutralisieren. Der pharmazeutische Unternehmer sollte bei nicht hinreichender Dossiergrundlage zum Nutzen seines Arzneimittels einen Abschlag bei den Erstattungsbetragsverhandlungen hinnehmen. Liegen dem GBA Anhaltspunkte für einen Schaden vor, den das neue Arzneimittel verursacht, sollte er vom Hersteller die Vorlage eines vollständigen Dossiers verlangen können.

Mit der Einführung der regelhaften Nutzenbewertung für neue Arzneimittel und der auf dieser Basis verhandelten Erstattungsbeträge hat das AMNOG in Deutschland eine Regelungslücke auf dem patentgeschützten Markt geschlossen. Die konkrete Ausgestaltung der Regelungen, insbesondere der Abschluss der G-BA-Nutzenbewertung erst nach sechs Monaten und die Preisfreiheit in den ersten zwölf Monaten nach Inverkehrbringen muss jedoch im internationalen Vergleich als inkonsequent bezeichnet werden. International überwiegen bereits seit Längerem Regelungen, die die Erstattungsfähigkeit an einen adäquaten Preis knüpfen. Die gegenwärtigen Rahmenbedingungen verursachen für die pharmazeutischen Unternehmer den Anreiz, im ersten Jahr überhöhte Preise zu realisieren. Dies führt über die internationale Preisreferenzierung mit zentralem Bezug auf Deutschland zu einem hohen internationalen Preisniveau. Dies wiederum erschwert den Entscheidungsträgern in den Unternehmen für Deutschland, einen angemessenen Erstattungsbetrag zu akzeptieren, da er massive Auswirkungen auf das internationale Preisgefüge hätte. In diesem Zusammenhang erklärt sich auch der Widerstand der Industrie gegen die Transparenz und die volle Preisfunktion der Erstattungsbeträge. Unter solchen Bedingungen entwickeln sich innerhalb eines Jahres unabhängig vom Vorhandensein eines Zusatznutzens bereits Versorgungsusancen, die als Druckpotenzial gegenüber Patienten und Krankenversicherer missbraucht werden können.

Zur Erhöhung der Effekte des AMNOG ist daher nach wie vor sinnvoll, dass der maßgebliche Zeitpunkt für die Geltung der Erstattungsbeträge auf den Zeitpunkt des Inverkehrbringens gesetzt wird. Die Nutzenbewertung sollte bereits davor abgeschlossen sein und beispielsweise mit der Positive Opinion der Zulassungsbehörde (3,5 Monate vor Zulassung und damit frühestem Markteintritt) starten. Der vorverlegte Bewertungszeitpunkt macht in der Folge zwingend regelmäßige Nachbewertungen erforderlich. Hält man an der grundsätzlichen Erstattungsfähigkeit der neuen Arzneimittel fest und können die Erstattungsbetragsverhandlungen erst im Laufe des ersten Jahres abgeschlossen werden, wäre ein Ausgleich zum Niveau des Erstattungsbetrags auf dem Weg der Nacherstattung zu organisieren.

Literatur

v. Stackelberg, J.-M. und Olbrich, A. 2011. Erstattungsbedingungen nach dem Arzneimittelmarktneuordnungsgesetz (AMNOG). In: Wille, E. (Hrsg.) 2011. Beiträge zu den 16. Bad Orber Gesprächen.

Haas, A. und Tebinka-Olbrich, A. 2014. Nutzenorientierte Medikamentenpreise – Das Arzneimittelmarktneuordnungsgesetz AMNOG. In: Pfeiffer, v. Stackelberg, Kiefer (Hrsg.) 2014. GKV-Lesezeichen, Jahrbuch des GKV-Spitzenverbands.

Rahmenvereinbarung nach § 130b SGB V (RahmenV), www.gkv-spitzenverband. de/media/dokumente/krankenversicherung_1/arzneimittel/rahmenvertraege/ pharmazeutische_unternehmer/Arzneimittel_Rahmenvereinbarung__130b_ Abs9_SGB_V.pdf (Download 28. Februar 2014).

Beschlussempfehlung und Bericht des Ausschusses für Gesundheit (14. Ausschuss) zu dem Gesetzentwurf der Fraktionen der CDU/CSU und SPD – Drucksache 18/201 – Entwurf eines Vierzehnten Gesetzes zur Änderung des Fünften Buches Sozialgesetzbuch (14. SGB V-Änderungsgesetz – 14. SGB V-ÄndG). BT-Drs. 18/606.

Volker Ulrich

Das AMNOG aus gesundheitsökonomischer Perspektive

1. Einleitung

Der Gesetzgeber hat mit dem AMNOG im Jahr 2011 eine Neuordnung der Ermittlung von Erstattungsbeträgen für patentgeschützte Arzneimittel vorgenommen. Einen Handlungsbedarf hat die Regierung in ihrer Gesetzesbegründung insbesondere bei der Verordnung und Erstattung neuartiger, in der Regel hochpreisiger Arzneimittel, deren Umsatz- und Verordnungsanteile Abbildung 1 zeigt, gesehen.

Abbildung 1: Zur Begründung des AMNOG: Verordnungs- und Umsatzanteile bei Arzneimittel (Stand 2009)

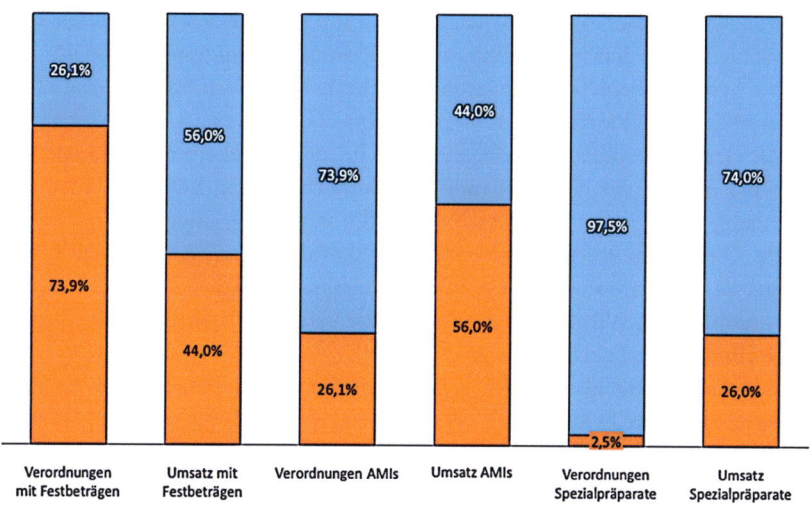

Quelle: Eigene Darstellung nach Bundesgesundheitsministerium 2014.

Während auf dem Festbetragsmarkt ein durchaus intensiver Wettbewerb herrscht, der eine preisregulierende Wirkung besitzt, kennzeichnet den Markt für Arzneimittel-Innovationen sowie den Markt für Spezialpräparate die gegenteilige Entwicklung: Auf relativ niedrige Verordnungsanteile entfallen überproportional hohe Umsatzanteile. Bei den Arzneimittel-Innovationen beläuft sich diese Relation auf

26 Prozent (Verordnungen) zu 56 Prozent (Umsatz), bei der Teilmenge der Spezialpräparate lautet die entsprechende Relation 2,5 Prozent (Verordnungsanteil) zu 26 Prozent (Umsatzanteil).

Das AMNOG soll dem geschilderten Ausgabenanstieg bei den Innovationen entgegenwirken, indem es einen Spagat anstrebt zwischen der gewünschten Value for Money - Ausrichtung auf der einen Seite und der Schaffung verlässlicher Rahmenbedingungen für Innovationen auf der anderen Seite (Cassel, D. und Zeiner, R. 2010a und b, S. 1858 ff., Cassel, D. 2012, S. 366 ff.).

Das AMNOG sieht ein zweistufiges Bewertungs- und Erstattungsverfahren vor: Zunächst werden Arzneimittel mit neuen Wirkstoffen einer frühen Nutzenbewertung unterzogen. Auf dieser Grundlage vereinbaren die pharmazeutischen Unternehmer anschließend mit dem GKV-Spitzenverband (GKV-SV) einen Erstattungsbetrag für das Produkt. Arzneimittel ohne festgestellten Zusatznutzen sollen in eine Festbetragsgruppe eingeordnet werden. Der Hersteller soll dazu dem GKV-SV seine tatsächlichen Abgabepreise in anderen europäischen Ländern übermitteln, ohne dass an dieser Stelle bereits eine internationale Preisreferenzierung (IRP) vorgeschrieben ist (§ 130b (1) SGB V). Im Streitfall setzt die Schiedsstelle den Vertragsinhalt unter Berücksichtigung der Höhe der tatsächlichen Abgabepreise in anderen europäischen Ländern fest (internationale Referenz-Preise: IRP-Verfahren nach § 130b 4 SGB V).

Als Grundlage dient die Höhe der tatsächlichen Abgabepreise in 15 europäischen Ländern (der entsprechende „Länderkorb" enthält Belgien, Dänemark, Finnland, Frankreich, Griechenland, Großbritannien, Irland, Italien, Niederlande, Österreich, Portugal, Schweden, die Slowakei, Spanien und Tschechien). Hinter der Auswahl stecken Bestrebungen, einerseits möglichst viele Einwohner des europäischen Wirtschaftsraums und andererseits auch wirtschaftlich homogene Länder zu erfassen.

Das AMNOG ist als lernendes System konzipiert. Mit dem 14. SGB V-Änderungsgesetz (vom 1. April 2014) hat der Gesetzgeber bereits reagiert und erste Anpassungen des AMNOG-Prozesses vorgenommen. Damit hat er die bislang geltende Möglichkeit aufgehoben, Arzneimittel aus dem Bestandsmarkt zu einer Nutzenbewertung aufzurufen. Zugleich sind der Herstellerabschlag, der 2010 von sechs auf sechzehn Prozent erhöht worden war, auf sieben Prozent festgesetzt und das Preismoratorium bis zum 31. Dezember 2017 verlängert worden – ausgenommen sind nun jedoch Arzneimittel, für die es einen Festbetrag gibt[1].

---

1 Seit 2009 hat sich die Belastung der Hersteller allein durch das Preismoratorium auf rund 2 Mrd. Euro addiert. Bei einem fortgesetzten Einfrieren auf dem Preisstand

Weiterhin haben die Regierungsparteien klargestellt, dass Generika von der Anhebung des Herstellerrabatts auf sieben Prozent ausgenommen sind. Für sie gilt ein Abschlag von sechs Prozent. Eine wichtige Änderung, über die weiter unten noch diskutiert wird, betrifft den Abgabepreis des pharmazeutischen Unternehmers. Berechnungsgrundlage für alle Zu- und Abschläge ist der von GKV-SV und Hersteller ausgehandelte Erstattungsbetrag eines neuen Arzneimittels und nicht der vom Hersteller festgelegte Listenpreis. Der Erstattungsbetrag wird damit auch zur Grundlage für die weitere Abrechnung einschließlich der Berechnung der Mehrwertsteuer und der Zuzahlung der Versicherten. Der Rabatt wird durch diese Änderung letztlich bereits eingepreist und der alte Listenpreis verliert seine Bedeutung, er wird auch nicht mehr in der Lauer-Taxe ausgewiesen. Damit besteht nun eine volle Transparenz hinsichtlich der in Deutschland verhandelten Preise. Das AMNOG-Verfahren ist inzwischen komplett implementiert: Seit Januar 2011 sind ca. 70 Verfahren der frühen Nutzenbewertung gestartet worden, etwa 50 Bewertungsverfahren sind bis heute abgeschlossen. Für knapp 20 Produkte sind auch Erstattungsbeträge festgesetzt (vgl. G-BA 2014).

Inzwischen sind auch die Verhandlungen über die Rahmenvorgaben für Arzneimittel 2014 abgeschlossen (vgl. GKV-SV 2014). Die Kassenärztliche Bundesvereinigung (KBV) und der GKV-SV gehen von einer Steigerung des Ausgabenvolumens in Höhe von 6,6 Prozent beziehungsweise knapp zwei Milliarden Euro aus. Die prognostizierten Mehrausgaben sind neben der Notdienstpauschale hauptsächlich auf die Senkung des Herstellerabschlags für patentgeschützte Arzneimittel zurückzuführen. Auf diese Grundlagen bezieht sich die folgende gesundheitsökonomische Analyse und präsentiert erste Zwischenergebnisse und Diskussionsanstösse.

2. AMNOG als lernendes System

Mit der frühen Nutzenbewertung auf Basis von Herstellerdossiers führt das AMNOG in Deutschland ein neues Instrument der Arzneimittelregulierung ein. In vielen Industrieländern durchlaufen Arzneimittel mehrere Bewertungsetappen, bevor sie verordnet werden (vgl. Zentner, A. und Busse, R. 2011, S. 27). Die erste Stufe bildet die Marktzulassung, die Qualität, Wirksamkeit und Sicherheit eines neuen Medikaments überprüft. Zuständig ist hier inzwischen insbesondere die Europäische Arzneimittelagentur (EMA). Die Bewertung der Wirksamkeit und

---

2009 erhöht sich die jährliche Belastung 2014 auf 1,0 und 2015 auf 1,2 Mrd. Euro (vgl. VFA 2014).

Sicherheit erfolgt typischerweise anhand von Daten aus randomisierten kontrollierten Studien (RCT) unter optimierten Studienbedingungen, im Vergleich zu Plazebo und anhand der Ergebnisse zu klinischen Messparametern (sogenannte Efficacy).

Die nächste Stufe bewertet das Arzneimittel nach der Marktzulassung (Postlizensierung) und beinhaltet die Festlegung des von den Sozialversicherungen zu tragenden Erstattungsbetrags. Falls der Hersteller nach der Zulassung nicht unmittelbar auch die Erstattungsfähigkeit für sein Medikament erlangt, besteht eine so genannte 4. Hürde (nach den oben bei der Zulassung relevanten Kriterien Qualität, Wirksamkeit und Sicherheit). Da der Hersteller im Rahmen des AMNOG-Verfahrens mit der Markteinführung Erstattungsfähigkeit erlangt, stellt das AMNOG keine 4. Hürde dar. Der verhandelte oder geschiedste Erstattungsbetrag gilt mitunter erst im zweiten Jahr nach Markteinführung.

Die Bewertung auf der Stufe nach der Marktzulassung ist überwiegend Aufgabe der sogenannten Health-Technology-Assessment (HTA)-Agenturen (bspw. NICE oder IQWiG). Im Ausland ist ein solches Vorgehen nach der Zulassung ebenso bekannt wie die evidenzbasierte Vollbewertung des Nutzens oder der Kosteneffizienz anhand von Kosten-Nutzen-Analysen (vgl. Abbildung 2). Das Scottish Medicines Consortium führt beispielsweise bereits seit Längerem eine frühe Nutzenbewertung bei Arzneimittel-Innovationen mit anschließenden Preisverhandlungen durch (vgl. Scottish Medicines Consortium 2008).

Preisverhandlungen sind dabei eines von drei zentralen Regulierungskonzepten in den europäischen Ländern. Für die wichtigsten EU-Länder lassen sich folgende drei Regulierungskonzepte mit jeweils zwei Varianten identifizieren, die sich durch ihre Regulierungsdichte und -intensität unterscheiden (vgl. Cassel, D. und Ulrich, V. 2012a, S. 92 ff.):

- **Freie Preisbildung**
  o ohne zusätzliche angebotsseitige Regulierungen (Dänemark, Schweden) oder
  o mit zusätzlichen angebotsseitigen Regulierungen wie Rabatte, Erstattungsbeträge und Preisinterventionen (Großbritannien).
- **Preisverhandlung**
  o mit Ausnahme vom IRP ohne zusätzliche angebotsseitige Regulierungen (Irland, Österreich) oder
  o mit zusätzlichen angebotsseitigen Regulierungen wie Rabatten, Erstattungsbeträgen, Preisinterventionen und IRP (Frankreich, Italien, Ungarn).

- **Preisfixierung**
  o mit vorausgehenden Preisverhandlungen und zusätzlichen angebotsseitigen Regulierungen wie Erstattungsbeträgen und IRP (Polen, Estland, Lettland) oder
  o ohne vorausgehende Preisverhandlungen und mit zusätzlichen angebotsseitigen Regulierungen wie Erstattungsbeträgen, Preisinterventionen und IRP (Niederlande, Belgien, Finnland, Spanien, Griechenland, Portugal, Slowenien, Slowakei, Tschechien).

Die freie Preisbildung findet sich lediglich in 4 nordeuropäischen Ländern. Aber auch die 5 Länder, die dem vergleichsweise moderaten Regulierungskonzept der Preisverhandlungen folgen, gehören mehrheitlich zu Nordeuropa. Dagegen wird das schärfste Regulierungskonzept, die Preisfixierung mit und ohne vorausgehende Preisverhandlung, überwiegend in den süd- und osteuropäischen Ländern praktiziert. Da die Pharmapreise umso stärker unter Druck stehen, je stringenter ein Regulierungskonzept ist und seine Instrumente eingesetzt werden, gehen mit einer schärferen Regulierung auch niedrigere Preise in den jeweiligen Ländern einher. Für die anstehende AMNOG-Preisreferenzierung könnte dies bedeuten, dass mit dem möglichen Rekurrieren auf Niedrigpreise in den süd- und osteuropäischen Ländern der EU implizit auch deren Regulierungskonzepte von Deutschland importiert werden. Bei der Postlizenzierungsevaluation steht die patientenorientierte Nutzenbewertung im Zentrum des Interesses (vgl. Windt, R. et al. 2013, S. 10).

Abbildung 2: Marktzulassung und Erstattungspreisfindung im internationalen Vergleich

	Qualität	Sicherheit	Wirksamkeit	Nutzen	Zusatznutzen	Kosten/ Kosten-Nutzen	ethische, soziale, organisatorische u.a. Implikationen
			Klinische Endpunkte (vs. Plazebo)**	patientenrelevante Endpunkte***	Intervention A vs. B		
Labor- und Studienbedingungen*	ZULASSUNG		Efficacy RCTs	RCTs		RCTs mit Kostendaten	
Alltagsbedingungen				Effectiveness „Alltagsnutzen"	Relative/ Comparative Effectiveness „Alltagszusatznutzen"	andere Datenquellen (z.B. Routinedaten zu Inanspruchnahme und Kosten), Modellierung	andere Datenquellen (z.B. Umfragen zu Präferenzen)
				„reales" Patientengut (z.B. auch mit Komorbidität) pragmatic RCTs/Beobachtungsstudien			
				„reales" Setting (z.B. Leistungserbringer) pragmatic RCTs/ Beobachtungsstudien			
				relevante Subgruppen pragmatic RCTs/Beobachtungsstudien			
				längere Zeitperspektive andere Datenquellen, z.B. Routinedaten, Modellierung			

POSTLIZENZIERUNG

* Typischerweise selektierte Populationen (Zielerkrankung, Alter, Geschlecht, Komorbidität, Ethnie) und selektiertes Setting (z.B. Studienzentren mit wissenschaftlich motivierten Leistungserbringern).

** Typischerweise Surrogate für patientenrelevante Endpunkte (z.B. niedriger Blutdruck bei Therapie mit Antihypertensiva, Einsekundenkapazität bei Therapie mit Bronchodilatatoren).

*** z.B. Mortalität, Morbidität (z.B. Minderung von Symptomen oder des Auftretens von Komplikationen), gesundheitsbezogene Lebensqualität.

Quelle: Zentner, A. und Busse, R. 2011, S. 27.

Die interessierenden Ergebnisse sind jetzt patientenrelevante Endpunkte wie Lebensverlängerung, höhere Lebensqualität oder Verringerung von Komplikationen und Symptomen. Die Analyse des Zusatznutzens erfolgt im Vergleich zu realen Behandlungsalternativen (andere Arzneimittel oder Therapieoptionen bzw. sogar keine Behandlung). Dafür können auch Informationen aus nicht randomisierten Studien, Beobachtungsstudien oder Routinedaten herangezogen werden. Des Weiteren wird in vielen Ländern eine Kosten-Nutzen-Bewertung vorgenommen, die dem Opportunitätskostengedanken entspricht, da die Ressourcen immer im Vergleich zu Alternativen zu bewerten sind (Zentner et al.

2011). Eine Therapieentscheidung ist damit stets relativ unter Berücksichtigung der vorhandenen Alternativen zu treffen (vgl. Windt, R. et al. 2013, S. 10).

Der Nutzen eines Arzneimittels wird in einzelnen Ländern durch sehr inhomogene Kriterien erfasst. Beispielsweise sind soziale und ethische Aspekte in Australien, Kanada, Großbritannien, Neuseeland und Schweden von großer Bedeutung. In Frankreich und Kanada sind Auswirkungen auf die Bevölkerungsgesundheit und organisatorische Auswirkungen, in Australien und Finnland Investitionskosten der Hersteller in Forschung und Entwicklung wichtige Zusatzaspekte (vgl. Zentner, A. und Busse, R. 2011).

Mit Blick auf die Postlizensierung macht das AMNOG nur spärliche inhaltliche Vorgaben zur Preisfindung in den Rabattverhandlungen in Deutschland: In § 130b (1) Satz 1 wird als deren Grundlage nur der Beschluss des G-BA über das Ausmaß des Zusatznutzens nach § 35a (3) SGB V genannt. Dies wird von der Schiedsstelle und vom GKV-SV als Aufgabe verstanden, den festgestellten Nutzenvorteil eines neuen Wirkstoffs gegenüber einer zweckmäßigen Vergleichstherapie (ZVT) zu monetarisieren, d. h. in Geld auszudrücken und in den Erstattungsbetrag einfließen zu lassen. Dass dabei auch die Jahrestherapiekosten vergleichbarer Arzneimittel sowie die tatsächlichen Abgabepreise in anderen europäischen Ländern gewichtet nach den jeweiligen Umsätzen und Kaufkraftparitäten zu berücksichtigen sind, ergibt sich insbesondere aus § 130b (9) SGB V. Hiernach hatten GKV-SV und die maßgeblichen Pharmaverbände eine Rahmenvereinbarung (RV) zu treffen, die entsprechende Grundlagen und Kriterien der Preisfindung enthalten sollte. Diese Rahmenvereinbarung, die erst nach langwierigen Verhandlungen und einem Spruch der Schiedsstelle im Frühjahr 2012 in Kraft getreten ist, enthält als zentrale Grundlage der Ermittlung des Erstattungsbetrags bei vorteilhaften Wirkstoffen das von den Verbänden einvernehmlich festgelegte, in seinen preisbestimmenden Auswirkungen aber von der Pharmaindustrie wohl unterschätzte Bottom-up-Verfahren (vgl. Abbildung 3 und Cassel, D. und Ulrich, V. 2014).

Abbildung 3: Preiskorridor für Arzneimittel mit Zusatznutzen

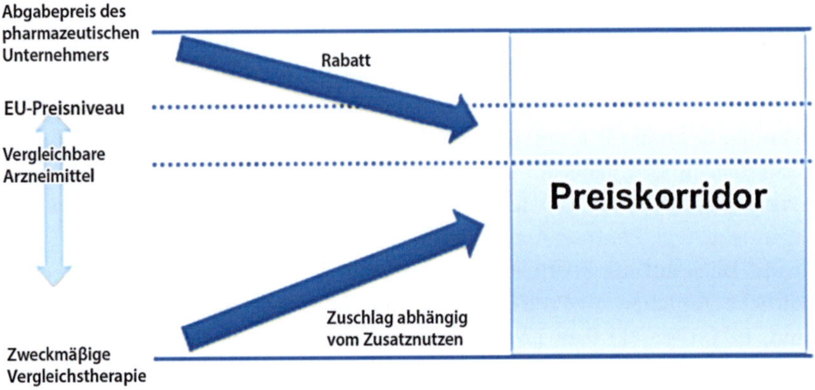

Quelle: Eigene Darstellung

Ihm zufolge ist der Erstattungsbetrag nicht etwa wie im AMNOG vorgesehen (§ 130b (1) Satz 2 SGB V) im Top-down-Verfahren als Rabatt auf den Herstellerabgabepreis zu vereinbaren, sondern durch einen Zuschlag auf die Jahrestherapiekosten der zweckmäßigen Vergleichstherapie (vgl. § 5 (2) RV). Ansonsten präzisiert die Rahmenvereinbarung zwar die im AMNOG bereits genannten Kriterien zur Vereinbarung des Erstattungsbetrages (§ 6 (1)-(4) RV), ohne jedoch anzugeben, auf welche Weise und in welchem Ausmaß sie preisbestimmend sein sollen.

Tatsächlich finden die Verhandlungen aber nicht in einem wettbewerblichen Austauschprozess, sondern in Form eines bilateralen Monopols statt, in dem die Verhandlungsstärke der beiden Marktparteien allesentscheidend ist und das Ergebnis folglich zur Machtfrage wird. Dabei hängt ihre Durchsetzungsmacht ganz wesentlich vom rechtlich vorgegebenen Prozedere (z. B. Bottom-up- statt Top-down-Verfahren) einerseits und den vorgegebenen Vereinbarungskriterien (z. B. Zusatznutzen gegenüber der ZVT als zulässiges, Forschungs- und Entwicklungskosten derzeitiger und künftiger Forschungsprojekte und deren Ausfallrisiko als unzulässiges Kriterium) andererseits ab. Hinzu kommt, dass der GKV-SV auch noch über ein Nachfragemonopol verfügt, das durch seine öffentlich-rechtliche Stellung nicht bestreitbar ist. Das gibt ihm darüber hinaus die Möglichkeit, sich dauerhaft auf ein professionelles Verhandlungsteam zu stützen, das von Mal zu Mal erfahrener agiert und dadurch rasch Lerneffekte realisiert. Dagegen kann der einzelne Hersteller meist nur sporadisch verhandeln und ist deshalb taktisch kaum versiert. Zwar verfügt auch er über ein

Monopol, dieses bezieht sich aber nur auf das Angebot seines patentgeschützten Wirkstoffs und endet zwangsläufig mit Ablauf des Patentschutzes. Außerdem ist seine ohnehin nur temporäre Monopolstellung dem globalen Innovationswettbewerb ausgesetzt, also jederzeit durch neue, bessere Präparate bestreitbar. Diese Schieflage im AMNOG schwächt die Verhandlungsposition der Hersteller im Bargaining-Prozess um angemessene Erstattungsbeträge (vgl. Cassel, D. und Heigl, A. 2013, S. 15).

3. Governance-Probleme im AMNOG

3.1 Subgruppen

Eine Auswertung der vorliegenden Nutzenbewertungsbeschlüsse (nach 64 abgeschlossenen Verfahren, Stand Anfang 2014) ergibt mit Blick auf die Analyse der Wirkstoffe durchaus ein differenziertes Bild (vgl. Abbildung 4): 59 Prozent der in den Verfahren bewerteten Wirkstoffen wurde ein Zusatznutzen zugebilligt. Die höchste Nutzenkategorie *erheblich* wurde dabei noch nie vergeben, in 17 Prozent der positiven Bewertungen war der Zusatznutzen *beträchtlich*, in 32 Prozent *gering* und in 10 Prozent der Verfahren *nicht quantifizierbar*.

Analysiert man das Ausmaß des Zusatznutzens nach den gebildeten Subgruppen, ergibt sich ein etwas anderes Bild: In 60 Prozent der GBA-Entscheidungen wurde in den bewerteten Patienten-Subgruppen kein Zusatznutzen festgestellt. Die Bewertung *erheblich* wurde nicht vergeben, mit *beträchtlich* wurden 9 Prozent der gebildeten Subgruppen bewertet, auf *gering* entfielen 21 Prozent, *nicht quantifizierbar* waren 9 Prozent und ein *geringerer* Zusatznutzen entfiel auf 1 Prozent der Subgruppen. Zudem ist festzuhalten, dass der G-BA den Zusatznutzen in der Regel niedrig eingestuft hat – eher *gering* als *beträchtlich* und *Hinweis* oder *Anhaltspunkt* als *Beleg*. Die höchste Zusatznutzenkategorie *erheblich* ist bislang kein einziges Mal vergeben worden.

Abbildung 4: Ausmaß des Zusatznutzens in Verfahren und Subgruppen

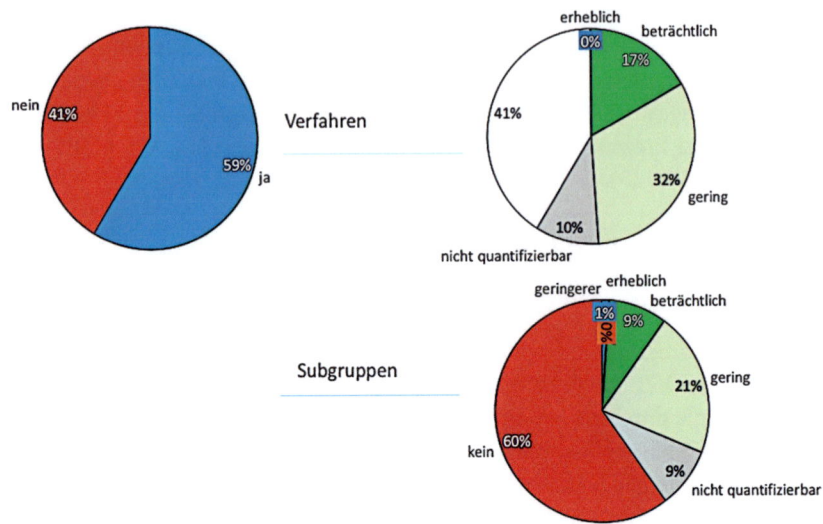

Quelle: Eigene Darstellung nach G-BA 2014 und Rasch, A. 2014

Im Ergebnis stellt sich die frühe Nutzenbewertung des AMNOG bislang damit ambivalent dar. Die Bewertungsmaßstäbe sind erfreulich hoch, können aber in der Praxis von den betroffenen Wirkstoffen nur teilweise bzw. gar nicht erreicht werden. Die Einstufung des Zusatznutzens in die verschiedenen Kategorien besitzt rein normativen Charakter und auch die anschließende Umsetzung in geldwerte Kategorien (Monetarisierung) entzieht sich einer wissenschaftlichen Bewertung.

Ein weiteres Problem der nachträglichen Gruppenbildung besteht darin, dass das zugelassene Anwendungsgebiet in Untergruppen zerlegt wird, für die der Hersteller am Ende sehr wahrscheinlich keine separaten klinischen Daten vorlegen kann. Aus wissenschaftlicher Sicht erscheint es zwingend erforderlich, Subgruppen und die zugehörige Auswertung bereits bei der Studienplanung zu berücksichtigen und im Studienprotokoll festzulegen (vgl. Bestehorn, M. und Tunder, R. 2013). Eine nachträgliche Subgruppenbildung kann daher in aller Regel auch nicht den internationalen Standards der evidenzbasierten Medizin entsprechen. Zum Teil werden Subgruppen für unterschiedliche Vergleichstherapien gebildet wurden (z. B. Docetaxel-Retherapie), die mangels Abgrenzungskriterium schwer anwendbar sind und deren Aussagefähigkeit entsprechend eingeschränkt ausfällt.

Während das Thema der nachträglichen Subgruppenanalyse kritisch zu sehen ist, könnten sich durch eine geplante Subgruppenanalyse auch Chancen für die künftige Produktentwicklung ergeben. Dann müsste man in den klinischen Phasen darauf achten, Patientengruppen zu identifizieren, bei denen erhebliche Vorteile oder auch Risiken gegenüber der ZVT zu erwarten sind. Eine offene Frage bleibt auch, wie eine Zulassung für eine größere Population und die Erstattung für Teilpopulationen aufeinander abgestimmt werden können (vgl. Bestehorn, M. und Tunder, R. 2013).

3.2 Zweckmäßige Vergleichstherapie (ZVT)

Die Wirksamkeit und Sicherheit eines Arzneimittels wird im Allgemeinen durch klinische Vergleichsstudien belegt, häufig gegenüber Placebo oder Substanzen der gleichen Wirkstoffklasse. Die Nichtunterlegenheit ist dabei ein anerkanntes und häufig benutztes Konzept (vgl. Hess, R. 2012, S. 12). Das AMNOG-Verfahren hat die Vergleichsmaßstäbe in zwei entscheidenden Aspekten verändert:

- Die zweckmäßige Vergleichstherapie wird nicht mehr vom Hersteller selbst, sondern vom G-BA festgelegt (allerdings hat die Industrie ein Mitspracherecht).
- Der Vergleich ist nicht auf ein Medikament der gleichen Produktklasse wie die zu bewertende Substanz beschränkt, nicht einmal auf ein Arzneimittel an sich. Vielmehr können neben Medikamenten anderer Produktklassen auch ganz unterschiedliche Behandlungsformen herangezogen werden, beispielsweise palliative Medizin oder chirurgische Eingriffe.

Dieser AMNOG-Gedanke weicht deutlich von dem von der Zulassungsbehörde vertretenen Ansatz einer standardisierten Vergleichstherapie ab. Das IQWiG lässt weiterhin nur klinische Daten gelten, die der Patientenpopulation aus der Zulassung entsprechen. Häufig sind Zulassungsstudien aber breiter gefasst oder führen zur Zulassung nur bei einer klar umrissenen Subpopulation. Die klinischen Daten aus dem Zulassungsdossier müssen dann auf diese Subpopulation angepasst werden.

Zudem ist zu diskutieren, ob generische Preise als Richtschnur für innovative Arzneimittel dienen können (vgl. Cassel, D. und Heigl, A. 2012). Generische Vergleichspreise sind in der Regel Grenzkostenpreise und lassen keinen Spielraum für die Berücksichtigung bzw. Refinanzierung der entstandenen F&E-Kosten. Sollten hier keine Korrekturen des AMNOG-Prozesses erfolgen, kann dies spürbare Auswirkungen auf die Patientenversorgung in Deutschland haben. Erste Anzeichen deuten darauf hin, dass vorteilhafte Arzneimittel-Innovationen nur verzögert oder gar nicht erst in Deutschland verfügbar werden oder aber bereits eingeführte Präparate aufgrund unzureichender Erstattungsbeträge wieder vom Markt genommen werden (so genanntes Opt-out der Hersteller). Es sollte daher darauf geachtet werden, dass die pharmaökonomischen Folgewirkungen des AMNOG die gesundheitspolitisch geforderte qualitativ hochwertige und innovative Arzneimittelversorgung hierzulande nicht in Frage stellt.

3.3 Surrogatendpunkte

Unter Surrogatendpunkten (intermediären Endpunkten) versteht man in der evidenzbasierten Medizin Endpunkte, die selbst nicht von unmittelbarer Bedeutung für die Patienten sind, aber stellvertretend für wichtige Endpunkte stehen können (z. B. Blutdrucksenkung als Surrogatparameter für Vermeidung eines Schlaganfalls). Surrogatendpunkte sind oft physiologische oder biochemische Marker, die sich relativ schnell und einfach messen lassen und denen eine Vorhersagefunktion für spätere klinische Ereignisse zugestanden wird. Voraussetzung für zuverlässige Aussagen über die Wirksamkeit einer Behandlung ist ein enger kausaler Zusammenhang zwischen Surrogatparameter und dem eigentlich interessierenden Endpunkt (vgl. EBM-Netzwerk 2011).

Für viele Surrogatparameter ist ein kausaler Zusammenhang jedoch nicht belegt, was den Nutzen von Surrogatparametern für die Vorhersagekraft von klinisch relevanten Endpunkten in Frage stellt. So haben z. B. in einer Studie mit antiarrhythmisch wirkenden Medikamenten (so genannte CAST-Studie) die geprüften Antiarrhythmika die Surrogatgröße Herzrhythmusstörungen verhindert - mittelfristig traten aber, im Vergleich zu den Kontrollgruppen, vermehrt Todesfälle (klinisch relevanter Endpunkt) auf (vgl. EBM-Netzwerk 2011).

Surrogatparameter werden nicht nur in Studien über die Wirksamkeit von Arzneimitteln eingesetzt, sondern auch in Studien zu anderen Technologien. Der Einsatz von Surrogatendpunkten in der Bewertung des Nutzens von Gesundheitstechnologien ist jedoch nicht unumstritten. Dabei werden insbesondere die folgenden Aspekte diskutiert (vgl. Mangiapane, S. und Garrido, M.V. 2009):

- Welche Kriterien muss ein Surrogatparameter erfüllen, um als valider Endpunkt angesehen werden zu können?
- Welche Methoden werden zur Validierung von Surrogatendpunkten diskutiert?
- Welche methodischen Vorgaben machen internationale Agenturen aus dem Bereich Health Technology Assessment (HTA) hinsichtlich des Einsatzes von Surrogatendpunkten?
- Welchen Stellenwert haben Surrogatendpunkte in internationalen HTA-Berichten im Vergleich zu deutschen Berichten?

Internationale HTA-Berichte zeigen in ihren Auswertungen nach wie vor in der Tendenz eine kritische Einstellung zur Verwendung von Surrogatendpunkten. Nur in Ausnahmefällen wird die Bewertung von nicht diagnostischen Technologien ausschließlich auf die Ergebnisse von Surrogatendpunkten gestützt (vgl. Mangiapane, S. und Garrido, M.V. 2009, S. 1). Ihre Verwendung bedarf also nach wie vor einer Begründung. Sicherlich kann nicht jeder Surrogatendpunkt umfassend validiert werden. Möglich und sinnvoll erscheint die Validierung bei Patientenkollektiven und Interventionen, die Aussagen für das Anwendungsgebiet, das zu bewertende Arzneimittel sowie die Vergleichstherapie zulassen. Surrogatendpunkte, die für die Zulassung routinemäßig akzeptiert werden, sollten auch durch den G-BA akzeptiert werden können. Hier können Beratungsgespräche insgesamt mehr Klarheit über die Akzeptanz von Surrogatendpunkten geben. Die Beurteilung der Validierung von Surrogatparametern könnte dann schon im Beratungsgespräch diskutiert werden und nicht erst im Rahmen der Nutzenbewertung. Hilfreich wäre sicherlich auch eine Übersicht des G-BA über indikationsspezifisch akzeptierte Surrogatparameter.

3.4 IRP – Europäische Vergleichspreise

Angesichts der bestehenden internationalen Preisunterschiede haben bislang hochpreisige Länder vermehrt versucht, ihre Arzneimittelpreise vorzugsweise durch Preisregulierungen unter Bezugnahme auf Niedrigpreisländer, d. h. durch „internationale Preisreferenzierung" (IRP – International Reference Pricing) zu senken. Dadurch droht ein internationaler Kellertreppen-Effekt. Er könnte leicht die Preise in Richtung auf die Grenzkosten der Produktion absenken und zu Verlusten führen, da die totalen Durchschnittskosten von Arzneimittel-Innovationen regelmäßig über den Grenzkosten der Produktion liegen (vgl. Cassel, D. und Ulrich, V. 2012, S. 94ff.).

Deshalb erscheint es ökonomisch gerechtfertigt, wenn Hersteller als temporäre Monopolisten die Märkte ihrer Innovationen national segmentieren und je nach Zahlungsfähigkeit (Wirtschaftskraft) und Zahlungsbereitschaft (Präferenzen) in den einzelnen Ländern unterschiedliche Preise setzen. Eine solche Preisdifferenzierung („Ramsey-Preise") ermöglicht Patienten in Niedrigpreisländern den Zugang zu Innovationen, von denen sie bei einer Preisnivellierung auf dem Durchschnittsniveau abgeschnitten wären. Davon profitieren andererseits auch Patienten in Hochpreisländern, da der Gesamtabsatz der AMIs größer ist als beim Ausschluss von Niedrigpreisländern und folglich die Durchschnittskosten und Preise vergleichsweise niedriger sein können. Schließlich wurde es die Preisdifferenzierung den Innovatoren ermöglichen, ihre F&E-Aufwendungen mit größerer Wahrscheinlichkeit decken zu können.

Dem steht jedoch die Regulierungspraxis der internationalen Preisreferenzierung insoweit entgegen, wie Länder mit merklich divergenter Zahlungsfähigkeit und Zahlungsbereitschaft gegenseitig auf ihre Preise Bezug nehmen und dabei Niedrigpreisländer als Referenz präferieren. Dadurch entsteht ein regulatorisches Beziehungsgeflecht sich gegenseitig referenzierender Länder mit der Tendenz zu länderübergreifenden Einheitspreisen für international ausgebotene Arzneimittel.

Deutschland wird von 19 europäischen Ländern direkt und von weiteren 5 Ländern indirekt referenziert und gilt damit wie auch hinsichtlich seiner Marktbedeutung – es verfügt über ein EU-weites Einflusspotential von etwa 100 Mrd. Euro – als das wichtigste Ankerland in Europa (vgl. PhRMA, 2011, S. 27).

Welchen Einfluss die bislang freie Preisbildung und volle Erstattung der Preise für Innovationen in Deutschland auf die Abgabepreise in den referenzierenden EU-Ländern tatsächlich hat, ist quantitativ kaum abschätzbar. Zu vielfältig sind die von ihnen verfolgten IRP-Konzepte und zu undurchsichtig und veränderlich ihre Praktiken. Die Hersteller sind außerdem in der Lage, beim Launch ihrer Innovationen strategisch vorzugehen. So sind sie im Interesse eines möglichst hohen Einführungspreises in möglichst umsatzstarken Märkten bestrebt, ihre neuen Präparate zunächst in den großen Referenzländern ohne IRP auszubieten, in denen die Preisbildung noch relativ frei ist. Andererseits kann es marktstrategisch geboten sein, die Markteinführung in jenen Ländern hinauszuzögern, die eine besonders rigide Preisregulierung praktizieren.

Mit Hilfe von Preisinformationen von IMS Health (2011) lassen sich alle 39 in den Jahren 2008 bis 2010 in Deutschland eingeführten Arzneimittel-Innovationen für 13 EU-Länder mit Blick auf Preisniveau und Preisabweichung zu Deutschland analysieren[2].

Die IMS-Daten zeigen, dass mit Ausnahme von Spanien alle Länder auch positive Abweichungen zu Deutschland (im Sinne von höheren Preisen in diesen Ländern) besitzen, auch wenn die Verfügbarkeit einer AMI in anderen Ländern deutlich hinter der Verfügbarkeit in Deutschland zurückbleibt. Positive Preisabweichungen finden sich in nennenswertem Umfang vor allem in Dänemark und Schweden, in Ländern also, die durch eine relativ geringe Regulierungsdichte gekennzeichnet sind. Deutschland ist sicherlich ein Hochpreisland, keineswegs aber bei allen analysierten Innovationen und in allen ATC-Klassen am teuersten.

Von Interesse sind in diesem Kontext sicherlich auch Informationen über das mittlere Preisniveau und die Streuung der Preise (vgl. Abbildungen 5-7). Dabei zeigt

---

2 Die Ländergruppe umfasst: Belgien, Dänemark, Deutschland, Finnland, Frankreich, Großbritannien, Irland, Italien, Niederlande, Österreich, Portugal, Schweden und Spanien.

sich, dass das Preisniveau der Herstellerabgabepreise[3] zwischen den einzelnen ATC-Klassen in den einzelnen Ländern stark variiert. Eine Möglichkeit zur Gruppierung der ATC-Klassen besteht in der Einteilung im Hinblick auf den Durchschnittspreis. Hierbei stehen Maße wie das arithmetische Mittel oder der Median zur Verfügung. Der Vorteil des Medians gegenüber dem arithmetischen Mittel besteht darin, dass er robuster gegenüber wertmäßigen Ausreißern ist. So lassen sich beispielsweise die ATC-Klassen für die Analyse nach Maßgabe des Medianpreises wie folgt gruppieren:

- ATC-Gruppe I: Medianpreis < € 140
- ATC-Gruppe II: € 140 < Medianpreis < € 1000
- ATC-Gruppe III: € 1000 < Medianpreis < € 5000

Für jede dieser ATC-Gruppen ist in einer der drei Abbildungen 5-7 ein Boxplot abgetragen. Dabei beschreibt die graue Box in den Abbildungen denjenigen (Preis-)Bereich, in dem 50 Prozent der Daten aus den 13 Ländern liegen. Die senkrechte weiße Linie innerhalb dieser Box gibt den Median des Herstellerabgabepreises an. Die sogenannten unteren und oberen Antennen bilden um die graue Box ein Intervall mit dem Faktor 1,5.

Abbildung 5: Preisniveau und Preisniveauabweichung nach ATC-Gruppen (I)

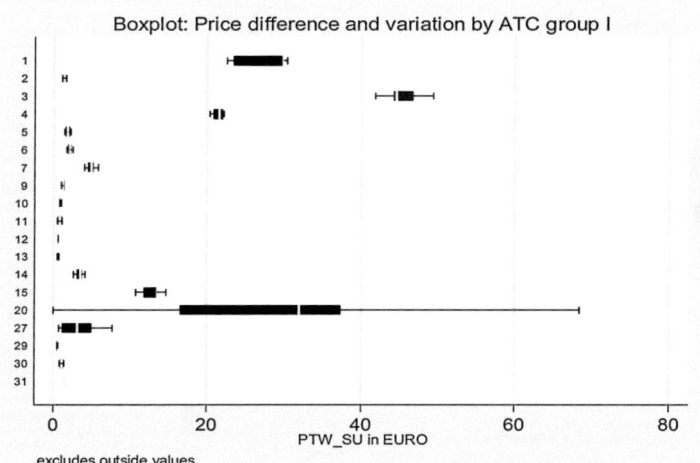

Quelle: Eigene Berechnungen

---

3 Berechnet auf der Basis von Standard Units, um Unterschiede in den Packungsgrößen, Darreichungsformen bzw. Dosierungen zu berücksichtigen.

Abbildung 6: Preisniveau und Preisniveauabweichung nach ATC-Gruppen (II)

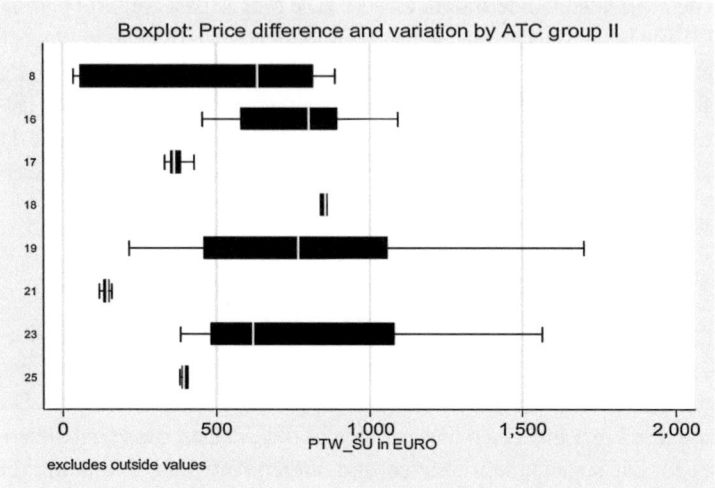

Quelle: Eigene Berechnungen

Abbildung 7: Preisniveau und Preisniveauabweichung nach ATC-Gruppen (III)

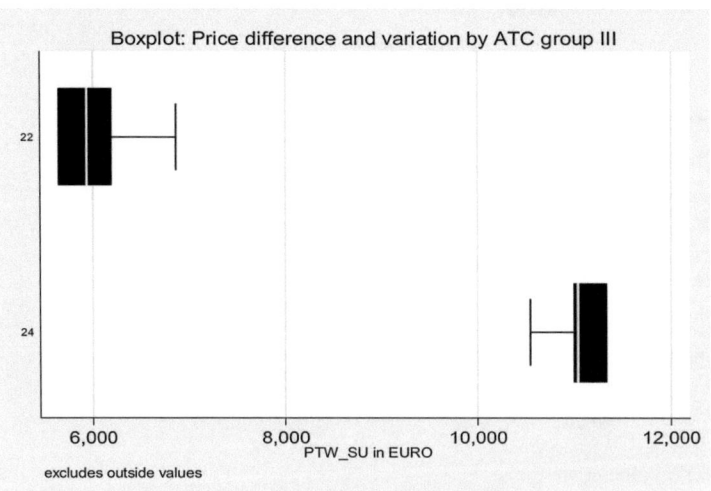

Quelle: Eigene Berechnungen

Man erkennt, dass der Herstellerabgabepreis zwischen den einzelnen ATC-Klassen stark variiert. Der Median reicht dabei von einigen Cent für eine AMI bis über 10.000 €. Bei einigen ATC-Klassen zeigt sich eine starke Variation des Abgabepreises zwischen den betrachteten Ländern, insbesondere bei den ATC-Klassen 1, 3 und 20 in Abbildung, sowie in den ATC-Klassen 8, 16, 19 und 23 in Abbildung sowie in den Klassen 22 und 24 in Abbildung. Es finden sich sowohl Länder mit durchweg niedrigeren Preisen als auch Länder mit Preisen, die in einzelnen ATC-Klassen über denen in Deutschland liegen. Zudem streuen die Preise je nach ATC-Klasse sehr stark.

Ein einfacher Preisvergleich, selbst für eine im Voraus eingeschränkte Gruppe von wirtschaftlich ähnlichen Ländern, ist somit nur unter sehr restriktiven Annahmen sinnvoll. Zur Analyse der Herstellerabgabepreise bedarf es vor dem Hintergrund der Heterogenität der Preise, einer weitergehenden Erklärung mittels zusätzlicher Einflussfaktoren. Ihre Höhe hängt von den konkreten Regulierungskonzepten und -praktiken in den jeweiligen Ländern einerseits und den jeweils vorhandenen nationalen Versorgungsstrukturen und Marktbesonderheiten andererseits ab. Hinzu kommen noch epidemiologische, soziale und wirtschaftliche Determinanten, die sich aus der Wirtschaftskraft und Einkommenssituation eines Landes sowie dem Gesundheitszustand und den Gesundheitspräferenzen seiner Bevölkerung ergeben (vgl. Cassel, D. und Ulrich, V. 2012, S. 142ff.).

4. Zusammenfassung und Ausblick

Die Umsetzung des Money for Value-Ansatzes auch für Arzneimittel-Innovationen ist sicherlich unumstritten. Eine Frühbewertung des Zusatznutzens von Innovationen findet sich inzwischen zudem in mehreren europäischen Ländern. Es zeigt sich allerdings auch, dass das AMNOG durch zahlreiche Governance-Probleme gekennzeichnet wird, die dazu führen, dass die Erstattungsbeträge von innovativen Arzneimitteln in Deutschland teilweise unter den europäischen Durchschnitt gezogen werden, wodurch erhebliche Versorgungsprobleme resultieren können. Ein zentraler Aspekt dürfte dabei sein, dass bisher zu wenig berücksichtigt wurde, dass die Preise für generische ZVT aus ökonomischer Perspektive sicherlich keine Richtschnur für die Preisbildung bei Arzneimittel-Innovationen sein sollten, da sie letztlich Grenzkostenpreise darstellen, die keinen Zuschlag zur Refinanzierung von F&E-Kosten vorsehen.

Alternativ könnte man im Bereich der Preisverhandlungen auch verstärkt das Instrument selektiver Verhandlungslösungen einsetzen, indem man den

Herstellern die Möglichkeit eines selektiven Opt-outs einräumt und der Hersteller bei einem Scheitern der Verhandlungen mit einzelnen Kassen Erstattungskonditionen verhandeln kann. Dadurch würde sich der Einigungsdruck erhöhen und verhindert werden, dass einzelne Unternehmen ihre Produkte komplett vom deutschen Markt nehmen. „Außerdem erhielten die gesetzlichen Krankenkassen zugleich einen Anreiz, untereinander auch bei der Arzneimittelversorgung in einen Qualitätswettbewerb einzutreten." (Cassel, D. und Heigl, A. 2013, S. 26).

Das AMNOG wird von politischen Entscheidungsträgern und beteiligten Akteuren der GKV-Selbstverwaltung gerne als „lernendes System" bezeichnet. In der Tat lehrt die Erfahrung, dass jede neue gesetzliche Regelung erst einmal den Praxistest bestehen und bei Bedarf nachjustiert werden muss.

Literatur

Bestehorn, M. und Tunder, R. (2013), AMNOG – Erste Erfahrungen und mögliche Auswirkungen auf die Klinische Forschung, Ergebnisse der Expertengespräche der DFGMA, in: Pharmacoeconomics German Research Articles, published online, S. 1-9.

Cassel, D. (2012), AMNOG: Deutschland an der Pharmawende, in: pharmind – Pharmazeutische Industrie, 74 (3), S. 366-374.

Cassel, D. und Heigl, A. (2013), AMNOG in der Umsetzung - Preisregulierung als Innovationsbremse? in: Recht und Politik im Gesundheitswesen (RPG) 2013, S. 10-27.

Cassel, D., Zeiner, R. (2010a und b), GKV-Arzneimittelmarkt im Zeichen des Arzneimittelmarktneuordnungsgesetzes (AMNOG). Zu Risiken und Nebenwirkungen einer gesundheitspolitischen Regulierungs-Innovation, in: Pharm Ind – Die Pharmazeutische Industrie, Teil 1: 72 (2010,11), S. 1858-1864; Teil 2: 72 (2010,12), S. 2044-2050.

Cassel, D., Ulrich, V. (2012a), Herstellerabgabepreise auf europäischen Arzneimittelmärkten als Erstattungsrahmen in der GKV-Arzneimittelversorgung. Zur Problematik des Konzepts internationaler Vergleichspreise, Gutachten für den vfa – Verband Forschender Arzneimittelhersteller, Endbericht vom 22. Februar 2012: http://www.vfa.de/de/presse/gutachten-studien (28.03.2012).

Cassel, D. und Ulrich, V. (2014), AMNOG-Schiedsstelle: Schlichter oder Richter? Schiedsamtliche Preisermittlung bei neuen Arzneimitteln jenseits von Angebot und Nachfrage, Diskussionspapier, Universität Bayreuth.

EBM-Netzwerk (2011), Glossar zur Evidenzbasierten Medizin, URL: http://www.ebm-netzwerk.de/was-ist-ebm/grundbegriffe/glossar.

G-BA (2014), Informationen zur Nutzenbewertung, URL: https://www.g-ba.de/informationen/nutzenbewertung/.

GKV-SV (GKV-Spitzenverband) (2014), Arzneimittel: Einigung bei Rahmenvorgaben 2014, Pressemitteilung vom, 24.10.2013, Berlin, URL: http://www.gkv-spitzenverband.de/presse/pressemitteilungen_und_statements /pressemitteilung_87104.jsp.

Hess, R. (2012), Die Frühbewertung des Nutzens neu zugelassener Arzneimittel Herausforderung für den Gemeinsamen Bundesausschuss und das Institut für Qualität und Wirtschaftlichkeit im Gesundheitswesen, in: Gesundheit + Gesellschaft Wissenschaft, Jg. 11, Heft 1 (Februar): S. 8-14.

IMS Health – Institute for Medical Statistics (2011), Provision of pricing and reimbursement data and analytics (selected NCEs across key European countries). Supporting information prepared for vfa, July 2011, Mimeo, London.

Mangiapane, S. und Garrido, M.V. (2009), Surrogatendpunkte als Parameter der Nutzenbewertung, HTA-bericht 91, Deutschen Institut für Medizinische Dokumentation und Information (DIMDI), Köln

OECD – Organization for Economic Cooperation and Development – Health Data (2011), A Selection of Key Indicators, November 2011: www.oecd.org/health/healthdata

PhRMA - Pharmaceutical Researchers and Manufacturers of America (2011): International Reference Pricing. Mapping Relationships, Re-referencing, and Economic Spillover Impact, Final – Updated May 2011.

Rasch, A. (2014), Beste verfügbare Evidenz in der Nutzenbewertung, Der Umgang mit der Indirektheit, Folien eines Vortrag auf der Jahrestagung der Deutschen Gesellschaft für Gesundheitsökonomie (dggö), München, 18. März 2013.

Scottish Medicines Consortium (2008), New Medicines Approval, Compiled by the Patient Public Involvement Group of SMC, October 2008, URL: www.scottishmedicines.org.uk.

VFA (2013), Stellungnahme für das Bundesministerium für Gesundheit zu den Erfahrungen der forschenden Pharmaunternehmen mit dem Arzneimittelmarktneuordnungsgesetz (AMNOG),Schriftliche Anfrage des BMG an die Verbände vom 14. Februar 2013.

VFA (2014), "trial and error" zu Lasten der Patienten!, Pressemitteilung vom 20. Februar 2014, Berlin.

Windt, R., Boeschen, D. und Glaeske, G. (2013), Innovationsreport 2013, Auswertungsergebnisse von Routinedaten der Techniker Krankenkasse aus den Jahren 2010 und 2011, Bremen.

Zentner, A. und Busse, R. (2011), Bewertung von Arzneimitteln – wie gehen andere Länder vor? in: Gesundheit + Gesellschaft Wissenschaft, Jg. 11, Heft 1 (Februar): S. 25–34.

Verzeichnis der Autoren

Dr. Dirk Göpffarth
Bundesversicherungsamt
Friedrich-Ebert-Allee 38
53113 Bonn

Professor Dr. Wolfgang Greiner
Universität Bielefeld
Fakultät für Gesundheitswissenschaften
Postfach 100131
33501 Bielefeld

Josef Hecken
Vorsitzender des Gemeinsamen
Bundesausschusses
Wegelystraße 8
10623 Berlin

Franz Knieps
Hauptamtlicher Vorstand
BKK Dachverband e.V.
Zimmerstraße 55
10117 Berlin

Wolfgang Pföhler
Bassermannstraße 51
68165 Mannheim

Dr. Hagen Pfundner
Vorstand der Roche AG
Emil-Barell-Str. 1
79639 Grenzach-Wyhlen

Karl-Heinz Schönbach
AOK-Bundesverband
Rosenthaler Straße 31
10178 Berlin

Johann-Magnus von Stackelberg
Stellv. Vostandsvorsitzender
GKV-Spitzenverband
Mittelstraße 51
10117 Berlin

Dr. Dominik Graf von Stillfried
Zentralinstitut für die Kassenärztliche Versorgung
in Deutschland
Herbert-Lewin-Platz 3
10623 Berlin

Professor Dr. Volker Ulrich
Universität Bayreuth
Lehrstuhl für VWL III
Postfach
95440 Bayreuth

STAATLICHE ALLOKATIONSPOLITIK IM MARKTWIRTSCHAFTLICHEN SYSTEM

Band 1 Horst Siebert (Hrsg.): Umweltallokation im Raum. 1982.

Band 2 Horst Siebert (Hrsg.): Global Environmental Resources. The Ozone Problem. 1982.

Band 3 Hans-Joachim Schulz: Steuerwirkungen in einem dynamischen Unternehmensmodell. Ein Beitrag zur Dynamisierung der Steuerüberwälzungsanalyse. 1981.

Band 4 Eberhard Wille (Hrsg.): Beiträge zur gesamtwirtschaftlichen Allokation. Allokationsprobleme im intermediären Bereich zwischen öffentlichem und privatem Wirtschaftssektor. 1983.

Band 5 Heinz König (Hrsg.): Ausbildung und Arbeitsmarkt. 1983.

Band 6 Horst Siebert (Hrsg.): Reaktionen auf Energiepreissteigerungen. 1982.

Band 7 Eberhard Wille (Hrsg.): Konzeptionelle Probleme öffentlicher Planung. 1983.

Band 8 Ingeborg Kiesewetter-Wrana: Exporterlösinstabilität. Kritische Analyse eines entwicklungspolitischen Problems. 1982.

Band 9 Ferdinand Dudenhöfer: Mehrheitswahl-Entscheidungen über Umweltnutzungen. Eine Untersuchung von Gleichgewichtszuständen in einem mikroökonomischen Markt- und Abstimmungsmodell. 1983.

Band 10 Horst Siebert (Hrsg.): Intertemporale Allokation. 1984.

Band 11 Helmut Meder: Die intertemporale Allokation erschöpfbarer Naturressourcen bei fehlenden Zukunftsmärkten und institutionalisierten Marktsubstituten. 1984.

Band 12 Ulrich Ring: Öffentliche Planungsziele und staatliche Budgets. Zur Erfüllung öffentlicher Aufgaben durch nicht-staatliche Entscheidungseinheiten. 1985.

Band 13 Ehrentraud Graw: Informationseffizienz von Terminkontraktmärkten für Währungen. Eine empirische Untersuchung. 1984.

Band 14 Rüdiger Pethig (Ed.): Public Goods and Public Allocation Policy. 1985.

Band 15 Eberhard Wille (Hrsg.): Öffentliche Planung auf Landesebene. Eine Analyse von Planungskonzepten in Deutschland, Österreich und der Schweiz. 1986.

Band 16 Helga Gebauer: Regionale Umweltnutzungen in der Zeit. Eine intertemporale Zwei-Regionen-Analyse. 1985.

Band 17 Christine Pfitzer: Integrierte Entwicklungsplanung als Allokationsinstrument auf Landesebene. Eine Analyse der öffentlichen Planung der Länder Hessen, Bayern und Niedersachsen. 1985.

Band 18 Heinz König (Hrsg.): Kontrolltheoretische Ansätze in makroökonometrischen Modellen. 1985.

Band 19 Theo Kempf: Theorie und Empirie betrieblicher Ausbildungsplatzangebote. 1985.

Band 20 Eberhard Wille (Hrsg.): Konkrete Probleme öffentlicher Planung. Grundlegende Aspekte der Zielbildung, Effizienz und Kontrolle. 1986.

Band 21 Eberhard Wille (Hrsg.): Informations- und Planungsprobleme in öffentlichen Aufgabenbereichen. Aspekte der Zielbildung und Outputmessung unter besonderer Berücksichtigung des Gesundheitswesens. 1986.

Band 22 Bernd Gutting: Der Einfluß der Besteuerung auf die Entwicklung der Wohnungs- und Baulandmärkte. Eine intertemporale Analyse der bundesdeutschen Steuergesetze. 1986.

Band 23 Heiner Kuhl: Umweltressourcen als Gegenstand internationaler Verhandlungen. Eine theoretische Transaktionskostenanalyse. 1987.

Band 24 Hubert Hornbach: Besteuerung, Inflation und Kapitalallokation. Intersektorale und internationale Aspekte. 1987.

Band 25 Peter Müller: Intertemporale Wirkungen der Staatsverschuldung. 1987.

Band 26 Stefan Kronenberger: Die Investitionen im Rahmen der Staatsausgaben. 1988.

Band 27 Armin-Detlef Rieß: Optimale Auslandsverschuldung bei potentiellen Schuldendienstproblemen. 1988.

Band 28 Volker Ulrich: Preis- und Mengeneffekte im Gesundheitswesen. Eine Ausgabenanalyse von GKV-Behandlungsarten. 1988.

Band 29 Hans-Michael Geiger: Informational Efficiency in Speculative Markets. A Theoretical Investigation. Edited by Ehrentraud Graw. 1989.

Band 30 Karl Sputek: Zielgerichtete Ressourcenallokation. Ein Modellentwurf zur Effektivitätsanalyse praktischer Budgetplanung am Beispiel von Berlin (West). 1989.

ALLOKATION IM MARKTWIRTSCHAFTLICHEN SYSTEM

Band 31 Wolfgang Krader: Neuere Entwicklungen linearer latenter Kovarianzstrukturmodelle mit quantitativen und qualitativen Indikatorvariablen. Theorie und Anwendung auf ein mikroempirisches Modell des Preis-, Produktions- und Lageranpassungsverhaltens von deutschen und französischen Unternehmen des verarbeitenden Gewerbes. 1991.

Band 32 Manfred Erbsland: Die öffentlichen Personalausgaben. Eine empirische Analyse für die Bundesrepublik Deutschland. 1991.

Band 33 Walter Ried: Information und Nutzen der medizinischen Diagnostik. 1992.

Band 34 Anselm U. Römer: Was ist den Bürgern die Verminderung eines Risikos wert? Eine Anwendung des kontingenten Bewertungsansatzes auf das Giftmüllrisiko. 1993.

Band 35 Eberhard Wille, Angelika Mehnert, Jan Philipp Rohweder: Zum gesellschaftlichen Nutzen pharmazeutischer Innovationen. 1994.

Band 36 Peter Schmidt: Die Wahl des Rentenalters. Theoretische und empirische Analyse des Rentenzugangsverhaltens in West- und Ostdeutschland. 1995.

Band 37 Michael Ohmer: Die Grundlagen der Einkommensteuer. Gerechtigkeit und Effizienz. 1997.

Band 38 Evamaria Wagner: Risikomanagement rohstoffexportierender Entwicklungsländer. 1997.

Band 39 Matthias Meier: Das Sparverhalten der privaten Haushalte und der demographische Wandel: Makroökonomische Auswirkungen. Eine Simulation verschiedener Reformen der Rentenversicherung. 1997.

Band 40 Manfred Albring / Eberhard Wille (Hrsg.): Innovationen in der Arzneimitteltherapie. Definition, medizinische Umsetzung und Finanzierung. Bad Orber Gespräche über kontroverse Themen im Gesundheitswesen 25.–27.10.1996. 1997.

Band 41 Eberhard Wille / Manfred Albring (Hrsg.): Reformoptionen im Gesundheitswesen. Bad Orber Gespräche über kontroverse Themen im Gesundheitswesen 7.–8.11.1997. 1998.

Band 42 Manfred Albring / Eberhard Wille (Hrsg.): Szenarien im Gesundheitswesen. Bad Orber Gespräche über kontroverse Themen im Gesundheitswesen 5.–7.11.1998. 1999.

Band 43 Eberhard Wille / Manfred Albring (Hrsg.): Rationalisierungsreserven im deutschen Gesundheitswesen. 2000.

Band 44 Manfred Albring / Eberhard Wille (Hrsg.): Qualitätsorientierte Vergütungssysteme in der ambulanten und stationären Behandlung. 2001.

Band 45 Martin Pfaff / Dietmar Wassener / Astrid Sterzel / Thomas Neldner: Analyse potentieller Auswirkungen einer Ausweitung des Pharmaversandes in Deutschland. 2002.

Band 46 Eberhard Wille / Manfred Albring (Hrsg.): Konfliktfeld Arzneimittelversorgung. 2002.

Band 47 Udo Schneider: Theorie und Empirie der Arzt-Patient-Beziehung. Zur Anwendung der Principal-Agent-Theorie auf die Gesundheitsnachfrage. 2002.

Band 48 Manfred Albring / Eberhard Wille: Die GKV zwischen Ausgabendynamik, Einnahmenschwäche und Koordinierungsproblemen. 2003.

Band 49 Uwe Jirjahn: X-Ineffizienz, Managementanreize und Produktmarktwettbewerb. 2004.

Band 50 Stefan Resch: Risikoselektion im Mitgliederwettbewerb der Gesetzlichen Krankenversicherung. 2004.

Band 51 Paul Marschall: Lebensstilwandel in Ostdeutschland. Gesundheitsökonomische Implikationen. 2004.

Band 52 Eberhard Wille / Manfred Albring (Hrsg.): Paradigmenwechsel im Gesundheitswesen durch neue Versorgungsstrukturen? 8. Bad Orber Gespräche. 6.–8. November 2003. 2004.

Band 53 Eberhard Wille / Manfred Albring (Hrsg.): Versorgungsstrukturen und Finanzierungsoptionen auf dem Prüfstand. 9. Bad Orber Gespräche. 11.–13. November 2004. 2005.

Band 54 Brit S. Schneider: Gesundheit und Bildung. Theorie und Empirie der Humankapitalinvestitionen. 2007.

Band 55 Klaus Knabner / Eberhard Wille (Hrsg.): Qualität und Nutzen medizinischer Leistungen. 10. Bad Orber Gespräche, 10.–12. November 2005. 2007.

Band 56 Holger Cischinsky: Lebenserwartung, Morbidität und Gesundheitsausgaben. 2007.

Band 57 Eberhard Wille / Klaus Knabner (Hrsg.): Wettbewerb im Gesundheitswesen: Chancen und Grenzen. 11. Bad Orber Gespräche. 16.–18. November 2006. 2008.

Band 58 Christian Igel: Zur Finanzierung von Kranken- und Pflegeversicherung. Entwicklung, Probleme und Reformmodelle. 2008.

Band 59 Christiane Cischinsky: Auswirkungen der Europäischen Integration auf das deutsche Gesundheitswesen. 2008.

Band 60 Eberhard Wille / Klaus Knabner (Hrsg.): Die besonderen Versorgungsformen: Herausforderungen für Krankenkassen und Leistungserbringer. 12. Bad Orber Gespräche über kontroverse Themen im Gesundheitswesen. 15.–17. November 2007. 2009.

Band 61 Malte Wolff: Interdependenzen von Arzneimittelregulierungen. 2010.

Band 62 Eberhard Wille / Klaus Knabner (Hrsg.): Qualitätssicherung und Patientennutzen. 13. Bad Orber Gespräche über kontroverse Themen im Gesundheitswesen. 20.–21. November 2008. 2010.

Band 63 Eberhard Wille / Klaus Knabner (Hrsg.): Reformkonzepte im Gesundheitswesen nach der Wahl. 14. Bad Orber Gespräche über kontroverse Themen im Gesundheitswesen. 12.-13. November 2009. 2011.

Band 64 Eberhard Wille / Klaus Knabner (Hrsg.): Dezentralisierung und Flexibilisierung im Gesundheitswesen. 15. Bad Orber Gespräche über kontroverse Themen im Gesundheitswesen. 18.-19. November 2010. 2011.

Band 65 Eberhard Wille / Klaus Knabner (Hrsg.): Strategien für mehr Effizienz und Effektivität im Gesundheitswesen. 16. Bad Orber Gespräche über kontroverse Themen im Gesundheitswesen. 2013.

Band 66 Timo Wasmuth: Gesundheitsausgaben: Determinanten und Auswirkungen auf die Gesundheit. Theoretische Modellierung und empirische Analyse. 2013.

Band 67 Eberhard Wille (Hrsg.): Wettbewerb im Arzneimittel- und Krankenhausbereich. 17. Bad Orber Gespräche über kontroverse Themen im Gesundheitswesen. 2013.

Band 68 Christian Maier: Eine empirische Analyse der Anreize zur informellen Pflege. Impulse für Deutschland aus einem europäischen Vergleich. 2015.

Band 69 Eberhard Wille (Hrsg.): Versorgungsdefizite im deutschen Gesundheitswesen. 18. Bad Orber Gespräche über kontroverse Themen im Gesundheitswesen. 2015.

www.peterlang.com